Dokumentation

Ost-West-Kolleg
der Bundeszentrale für politische Bildung

Antworten auf die Globalisierung

Deutschland und die USA

Eine deutsch-amerikanische Konferenz

Brühl, 29.–31. März 1999

©	Ost-West-Kolleg
	der Bundeszentrale für politische Bildung
	Brühl 2000.
Redaktion	Christoph Müller-Hofstede, Ost-West-Kolleg
	Christian Meier, Bundeszentrale für politische Bildung
Titel	2:1 design, Georg Bungarten, Köln
Herstellung	Heinrich Kläser
Druck	Neubert, Bayreuth
Auflage	5.000 Exemplare
ISBN	3-89331-385-0

Inhaltsverzeichnis

Vorwort — 4

Klaus Methfessel
Antworten auf die Globalisierung – Deutschland und die USA — 6

Jan A. Eggert
Die weltwirtschaftliche Dimension: Wie reagieren Deutschland und die USA auf die Globalsierung der Märkte und der Produktion? — 14

Jürgen Hoffmann
Globalisierung, Standortkonkurrenz und der Mythos vom »freien Markt« — 24

Stephen J. Silvia
Globalisierung und der Anstieg der Unterschiede in der Einkommensverteilung in den USA — 36

Christoph Scherrer
Globalisierung: Ein umstrittenes Projekt in den USA — 42

Johann Eekhoff
Die nationale Dimension – Wettbewerb der Systeme — 58

John Sammis
Globalisierung: Eine Analyse aus amerikanischer Sicht — 69

Martin Seeleib-Kaiser
Modell, Vorbild oder Mythos Amerika?
Kritische Anmerkungen zu einer komplexen Fragestellung — 79

Brigitte von Haacke
Über Kultur läßt sich nicht streiten — 87

Steven Casper
Institutions and Innovation: To What Extent Can Technology Policies Introduce American Style Innovation Networks in Germany? — 92

Ralf Roloff
**Der Transatlantische Geschäftsdialog –
Vorbild für eine transatlantische Lerngemeinschaft?** — 108

Ernst-Otto Czempiel
Deutschland und die USA in der Weltpolitik
Gemeinsamkeiten, Defizite, Perspektiven — 120

ANHANG
Konferenzprogramm, Teilnehmerliste — 128

Vorwort

Unter dem Titel »**Antworten auf die Globalisierung – Deutschland und die USA**« fand vom 29. bis 31. März 1999 eine Tagung statt, die das **Ost-West-Kolleg der Bundeszentrale für politische Bildung** gemeinsam mit dem **United States Information Service - Amerika-Haus Köln** in Brühl veranstaltete. Anlaß war die anhaltende intensive Debatte um Chancen und Risiken der Globalisierung in der deutschen und europäischen Öffentlichkeit. Die USA als Modell, Vorbild oder als warnendes Beispiel für die Defizite des »Turbokapitalismus« scheinen in dieser Debatte regelmäßig am Horizont auf. Die Kontroverse um das Vorbild Amerika stand daher im Mittelpunkt der Tagung, die deutsche und amerikanische Wissenschaftler sowie Publizisten auf dem Podium mit einem vorwiegend jungen Publikum aus Studenten, Nachwuchswissenschaftlern, Journalisten und Lehrern zusammenbrachte.

Globalisierung, so eine allgemeine Erkenntnis, ist weder ein neuer noch einzigartiger oder zufälliger Prozeß, sondern kann (mit Hermann Lübbe) als prägendes Phänomen der Moderne bezeichnet werden, als »zivilisatorische Evolution« in Form der räumlichen Schließung der Erde durch die Zunahme des Transports von Menschen, Gütern, Diensten und Daten in einem immer dichteren Netz. In den achtziger und neunziger Jahre hat sich mit dem Durchbruch neuer Technologien, der enormen Verkürzung der Transportzeiten und der Liberalisierung der Kapitalmärkte in wichtigen Industrieländern die weltweite Vernetzung der Volkswirtschaften dramatisch beschleunigt. Das Ende des Kalten Krieges, die Einbeziehung Osteuropas und der ehemaligen Sowjetunion in die internationale industrielle Arbeitsteilung sowie die Wirtschaftsdynamik Ostasiens ließen neue transnationale Wirtschaftsräume entstehen. Seit den achtziger Jahren hat sich der Welthandel verdreifacht. Von den hundert größten Wirtschaftseinheiten auf der Welt sind heute schon 51 Unternehmen und nur 49 Staaten. Dass diese Entwicklungen die internationalen Beziehungen vor neue Steuerungsprobleme stellen und die innen- und wirtschaftspolitischen Handlungsspielräume der Nationalstaaten stark einengen, darüber herrscht allgemein Konsens. Nur selten herrscht jedoch Übereinstimmung in der Wahrnehmung und Bewertung des Phänomens.

Der Globalisierung werden durchaus unterschiedliche Wirkungen zugeschrieben, das Ende staatlicher Handlungsfähigkeit wird dabei ebenso für möglich gehalten wie eine Gefährdung des Wohlfahrtsstaates durch globalen Standortwettbewerb. Auf der anderen Seite werden von der Globalisierung von Märkten neue Wachstumsimpulse, Innovation und eine effizientere Nutzung von Ressourcen erwartet. Was die einen als »mondialisation heureuse« (Alain Minc) begrüssen , fürchten andere als den »terreur de l'economie« (Viviane Forrester).

Die vorliegenden Beiträge haben nicht den Anspruch, für alle Rätsel der Globalisierung Lösungen anzubieten. Sie bieten aber die Chance, die gröbsten Pauschalannahmen und Klischees des viel strapazierten Themas kritisch zu beleuchten. Gleichzeitig dokumentieren sie kontroverse Positionen in der gegenwärtigen Debatte in Deutschland und in den USA und geben dem Leser Gelegenheit, sowohl gewerkschaftsnahe als auch wirtschaftsliberale Argumente in einem Band versammelt zu sehen. Literaturhinweise am Ende der jeweiligen Beiträge können Anreize zur vertieften Beschäftigung mit dem Thema geben. Mit den sicherheitspolitischen Dimensionen der deutsch-amerikanischen Beziehungen beschäftigt sich am Ende des Bandes Ernst-Otto Czempiel, verbunden mit einem kritischen Kommentar zur NATO-Intervention im Kosovo.

Das Ost-West-Kolleg greift mit dieser Tagung Bereiche der internationalen Politik auf, die – wie im Fall der europäischen Einigung – unmittelbar innenpolitische und wirtschaftspolitische Auswirkungen haben und damit jeden Einzelnen betreffen. Sich mit ihnen sachgerecht auseinandersetzen zu können, ist schon heute von kaum minderer Bedeutung als etwa das Wissen um die Möglichkeiten der Mitwirkung in Staat und Kommune. Die Verknüpfung von Globalisierungszwängen und innen- und gesellschaftspolitischen Entwicklungen wird die deutsche politische Diskussion noch auf absehbare Zeit maßgeblich bestimmen.

Ein besonderer Dank gilt an dieser Stelle den Kolleginnen und Kollegen des United States Information Service – Amerika-Haus Köln, insbesondere Sandra Kaiser, Ute Meyer und Bernd Herbert, die seit Jahren intensiv und freundschaftlich mit dem Ost-West-Kolleg zusammenarbeiten und auch diese Tagung organisatorisch und konzeptionell mit vorbereitet haben. Sie haben es auch ermöglicht, Experten aus den USA einzuladen und die Tagung zu einem internationalen Forum zu machen.

Last but not least ist an dieser Stelle den Mitarbeiterinnen und Mitarbeitern des Ost-West-Kollegs zu danken. Mit gleichbleibend hoher Motivation, Kompetenz und mit unerschütterlichem rheinischem Humor haben sie – wie schon oft – alle Schwierigkeiten in der Organisation einer größeren Tagung gemeistert. Auch den technischen Mitarbeitern der Fachhochschule des Bundes in Brühl danken wir für effiziente Raum- und Konferenztechnik und die Unterstützung unserer Arbeit.

Februar 2000   Christoph Müller-Hofstede
                 Ost-West-Kolleg der Bundeszentrale für Politische Bildung

Klaus Methfessel

Antworten auf die Globalisierung - Deutschland und die USA

1. EIN Gespenst verunsichert die Menschen in Europa: Es ist nicht mehr der Kommunismus, sondern das internationale Kapital, die Globalisierung, die den Menschen Angst macht. Unabhängig von den wirklichen Ursachen wird die Globalisierung zum generellen Projektions- und Erklärungsmuster für alle möglichen Existenzängste.

Ob Arbeitsplatzverlust, Umweltkatastrophen oder soziales Elend - die Globalisierung muß für vieles als Sündenbock herhalten. Der Schuldige für die Finanzkrisen in Asien, Rußland oder anderen *Emerging Markets* ist auf diese Weise schnell gefunden: Der "Raubtierkapitalismus", sagt Ex-Bundeskanzler Helmut Schmidt, das "Finanzmonopoly", sagt Ex-Finanzminister Oskar Lafontaine, und beide meinen, selten so vereint, die ungebändigte beziehungsweise unkontrollierte Globalisierung. Daß solche Meinungen gerade in Deutschland vorherrschen, ist kein Wunder. Schon in den vergangenen Jahren zeichnete sich die deutsche Mentalität im internationalen Vergleich durch eine stärkere Neigung zu einer apokalyptischen Weltsicht aus, die sich in fataler Weise mit der Unfähigkeit zu strukturellen Reformen verbindet. Nachdem die in den 70er Jahren vom Club of Rome prophezeite globale Rohstoffkrise zum Leidwesen der Produzenten in ein Überangebot (etwa auf dem Ölmarkt) umschlug, der Wald noch immer nicht gestorben ist und auch die vor einigen Jahren noch als unmittelbar bevorstehend prognostizierte Weltklimakatastrophe inzwischen auf fernere Zeiten vertagt werden mußte, haben die Katastrophenpropheten die Wirtschaft entdeckt. Danach steckt die Menschheit wahlweise in der "Globalisierungsfalle" (so das Buch der Spiegel-Autoren Peter Martin und Harald Schumann) oder ist dem "Terror der Ökonomie" ausgeliefert (so der Bestsellertitel der Französin Viviane Forrester).

Gemeinsames Horrorszenario dieser apokalyptischen Globalisierungsreiter: Die Menschheit werde durch den "Turbokapitalismus" in eine 20:80 Gesellschaft gespalten, in der nur noch die Arbeit von 20 Prozent der Bevölkerung nötig seien, um den Bedarf der gesamten Menschheit zu decken. Die Mehrheit der Menschen werde vom Standpunkt des Kapitals aus arbeitslos und damit unnütz.

2. Doch was ist überhaupt Globalisierung? Der Züricher Philosophieprofessor Hermann Lübbe hat die Globalisierung als prägendes Phänomen der Moderne bezeichnet, als "zivilisatorische Evolution" in Form der räumlichen Schließung der Erde durch die Zunahme des Transportes von Menschen, Gütern, Diensten und Daten in einem immer dichteren Netz. Die Expansion und Verdichtung dieses Netzes, sagt Lübbe, sei Ursache wie Folge des wirtschaftlichen Fortschritts.

Dieses Phänomen der Internationalisierung hatte bereits David Ricardo vor bald zweihundert Jahren beschrieben, als er die Vorteile des internationalen Freihandels gegenüber dem Merkantilismus bewies, der den Handel und damit den Reichtum eines Landes einseitig auf die Akkumulation von Außenhandelsüberschüssen orientierte. Ricardo dagegen wies am Beispiel des Handels zwischen Portugal und Großbritannien nach, daß für beide Länder ein Wohlfahrtsgewinn entsteht, wenn sie sich auf ihre natürlichen Vorteile konzentrieren - in Ricardos berühmt gewordenem Beispiel Portugal auf den Weinanbau und England auf die Textilproduktion.

Marktwirtschaft, offene Grenzen und Industrialisierung bewirkten dann auch das Wirtschaftswunder der Neuzeit: Schätzen Wirtschaftshistoriker die jährliche Wohlstandssteigerung im Mittelalter bis zum Beginn des 19. Jahrhunderts auf höchstens ein halbes Prozent jährlich, erreicht sie seitdem das Mehrfache: Deutschlands Wirtschaft wuchs im vergangenen Jahrhundert im Schnitt um 1,8 Prozent, die der USA sogar um 2,3 Prozent jährlich.

Die Globalisierung ist denn auch keineswegs ein Phänomen, das erst in den vergangenen Jahren mit der stürmischen Expansion der Finanzmärkte aufkam. Sie existiert schon länger als ihr Begriff. Die Ära der Globalisierung läuteten die britischen Liberalen ein. Sie setzten sich erfolgreich für den Freihandel ein und brachten 1860 die protektionistischen Korngesetze zu Fall, die die heimischen Getreideproduzenten durch hohe Zölle vor der Importkonkurrenz schützte. Seit dem Sieg des Freihandels expandierte der Warenhandel stürmisch, in den gut fünfzig Jahren bis zum ersten Weltkrieg wuchsen die Exporte doppelt so schnell wie die Wirtschaftsleistung. Bis zum Ausbruch des ersten Weltkrieges wurde die Weltwirtschaft tendenziell immer offener. Modernere Verkehrstechnik und die Beseitigung von Handelshemmnissen bewirkten, daß sich die Preise weltweit immer mehr anglichen.

Ohne den Erfolg der Globalisierung hätten sich die fortgeschrittenen Industrieländer den Sozialstaat überhaupt nicht leisten können. Länder wie Rußland oder sowjetische Satellitenstaaten wie etwa die Tschechoslowakei, die sich dem Einfluß der Globalisierung entzogen, fielen weit hinter die Wohlstandssteigerung vergleichbarer westlicher Länder zurück.

Unterbrochen wurde diese stürmische Aufwärtsentwicklung allerdings zwischen 1914 und 1945. Die beiden Weltkriege zusammen mit dem sich ausbreitenden Protektionismus bewirkten eine wirtschaftliche Stagnation.

3. Anfangs waren es vor allem Güter, die über die Grenzen hinweg getauscht wurden. Doch mit dem Handel wuchsen auch die Investitionen. Diese Entwicklung war bereits vor dem ersten Weltkrieg sehr weit gediehen. Erst vor wenigen Jahren erreichten die Kapitalströme in Relation zur Wirtschaftsleistung wieder das damalige Niveau.

Deutschland hat nach dem Zweiten Weltkrieg der Globalisierung des Handels einen Großteil seines Wirtschaftswunders zu verdanken. Hing früher der Wohlstand einer Nation im wesentlichen noch von ihrer Ausstattung mit den Produktionsfaktoren Rohstoffen, Arbeit und Kapital ab, änderte sich das in den siebziger Jahren mit dem Übergang zu flexiblen Wechselkursen und dem Abbau von Kapitalverkehrskontrollen. Dadurch erhöhte sich die Mobilität von Kapital, das jetzt überall ins Ausland gehen konnte, wo es rentable Anlagemöglichkeiten fand. Die Verfügbarkeit von Kapital war kein nationaler Standortvorteil mehr, da es frei überall hin fluktuieren konnte. Seitdem entscheidet das Angebot an qualifizierten Arbeitnehmern, das Humankapital, sowie die Fähigkeit, Wissen in Produktion umzusetzen - also im weitesten Sinne die institutionellen und gesellschaftlichen Rahmenbedingungen - über die Qualität eines Standorts im weltweiten Wettbewerb.

Die Liberalisierung der Kapitalmärkte löste eine stürmische Expansion der ausländischen Direktinvestitionen aus. Es entwickelte sich, auch in Deutschland, der Typ des globalen Unternehmens, der heute die Wirtschaft weitgehend prägt. Neben die internationale Verflechtung des Handels und des Kapitals tritt nunmehr die Globalisierung der Produktion. Was damit gemeint ist, wird sofort bei einem Blick unter die Motorhaube eines VWs oder Mercedes klar. Der Motor kommt aus Spanien, die Zündanlage aus Schweden, die Scheibenwaschanlage aus Großbritannien, die Bremsen aus Frankreich, Dichtungen aus Taiwan - nur die Montage erfolgt noch in Wolfsburg oder Stuttgart. Das *Made in Germany* wird heute zunehmend zur Fiktion, es heißt *Made by Volkswagen* oder *Made by Daimler Benz* beziehungsweise jetzt *Made by DaimlerChrysler*.

Solche globalen Unternehmen wachsen im Schnitt schneller als rein nationale, weil sie die *Economies of Scale* besser nutzen können. Desweiteren profitieren sie auch davon, daß sie stärker dem weltweiten Wettbewerb ausgesetzt sind und Anstöße eines lokalen oder nationalen Markt sofort global umsetzen können.

Diese Multis sind das Rückrat der Weltwirtschaft, der jährliche Umsatz der größten unter ihnen ist in etwa mit dem Bruttosozialprodukts der Niederlande vergleichbar. Sie spielen die Schlüsselrolle in der weltweiten Verbreitung von Technologie und sind entscheidend dafür, daß alle Länder, auch die Schwellen- und Entwicklungsländer, am technischen Fortschritt teilhaben.

4. Die deutschen Unternehmen haben die Herausforderung der Globalisierung angenommen. In einem massiven Rationalisierungs- und Modernisierungsprozeß hat beispielsweise die Automobilindustrie den Rückstand gegenüber den Japanern aufgeholt und ist wieder weltweit führend geworden. Das gleiche gilt für die anderen großen Branchen Chemie, Maschinenbau und Elektrotechnik, die sich erfolgreich auf dem Weltmarkt behaupten können. Allein diese vier Branchen erwirtschaften etwa 60 Prozent unserer Exporte.

Doch so sehr man die Leistung der deutschen Industrie auf dem Gebiet der konventionellen Produktion anerkennen muß, darf man doch unsere Schwächen im Hightech-Bereich nicht übersehen. Zwar ist der technologische Rückstand gegenüber den USA heute geringer als in den fünfziger Jahren, aber nach wie vor hinken wir in wichtigen Hightech-Branchen hinterher. So ist der Anteil von Hochtechnologieprodukten an der industriellen Wertschöpfung in Deutschland niedriger als in den USA und in Japan. Diese Schwäche hat Ursachen: Für Forschung gaben die USA und Japan in Relation zu ihrem Bruttoinlandsprodukt (BIP) rund 40 Prozent mehr aus als Deutschland. Defizite bestehen fatalerweise bei der Schlüsseltechnik für das 21. Jahrhundert, der Informations- und Kommunikationstechnik. Grund: Deutsche Unternehmen sind nicht so schnell und flexibel wie die amerikanischen, um sich auf neue technologische Herausforderungen einzustellen, die deutschen Verbraucher sind weniger aufgeschlossen für die neuen elektronischen Produkte und Dienste und stehen der Biotechnologie skeptischer gegenüber. Schließlich verfügen die USA über die eindeutig besseren Rahmenbedingungen für die Gründung und Expansion neuer Unternehmen.

Deshalb müssen wir dafür sorgen, daß sich die deutschen Unternehmen hier wohlfühlen und nicht durch falsche politische Weichenstellungen etwa in der Steuerpolitik und überzogene Regulierung und Bürokratie verprellt werden und ihre Produktionen ins Ausland verlagern.

5. Im Gegensatz zu den deutschen Unternehmen hat die deutsche Gesellschaft bislang nur ungenügend auf die Globalisierung reagiert. Zwar wurden auch in Deutschland Luftverkehr, Post und Telekommunikation liberalisiert, doch bestehen in wichtigen Bereichen weiterhin Rigiditäten, insbesondere auf dem Arbeitsmarkt und im Sozialbereich. Daß wir eine Arbeitslosigkeit in einer Größenordnung von über vier Millionen Menschen haben, also von über zehn Prozent der Erwerbstätigen, zeigt, daß wir mit unserer Wirtschaftsleistung hinter unserem Potential zurückbleiben. Kennzeichnend für Deutschland ist, daß die Arbeitslosigkeit von Krise zu Krise auf einen immer höheren Sockel kletterte. War die Arbeitslosigkeit in Deutschland in den siebziger Jahren noch geringer als in vergleichbaren Industrieländern, liegen wir jetzt - teilweise sogar weit - über ihnen. Hatten die USA vor zwanzig Jahren eine etwa doppelt so hohe Arbeitslosenrate wie Deutschland, hat sich dieser Trend jetzt umgekehrt. Das gleiche gilt für Großbritannien: Lag die Rate dort bis Mitte der achtziger Jahre zwei bis vier Prozentpunkte über der deutschen, ist sie heute um diesen Satz geringer als bei uns. Auch die Niederlande konnten sich von dem Trend zu immer höherer Arbeitslosigkeit abkoppeln.

Die Erfolge bei der Bekämpfung der Arbeitslosigkeit in diesen Ländern zeigen, daß die Millionen-Arbeitslosigkeit in Deutschland nicht das Ende der Arbeit ankündigt und auch nicht durch einen Mangel an kaufkräftiger Nachfrage hervorgerufen wird, wie der frühere Finanzminister Oskar Lafontaine behauptete, sondern strukturell bedingt ist. Der deutsche Arbeitsmarkt ist zu stark reguliert: Hohe Mindestlöhne, Kündigungsschutz, restriktive Arbeitszeitbestimmungen usw. schützen diejenigen, die bereits einen Job haben, und entmutigen Arbeitgeber, neue Leute einzustellen. Als Konsequenz hat Deutschland einen sehr viel höheren

Anteil von Langzeitarbeitslosen als beispielsweise die USA. Zudem belasten Frühpensionierungen die Sozialkassen und verteuern dadurch die Arbeitskosten für die Wirtschaft.

Deutschland hat bei der Fähigkeit Jobs zu schaffen deutliche Defizite in Relation zu anderen Ländern. Während die Beschäftigung in den USA zwischen 1997 und 1999 um etwa drei Prozent zugelegt hat, ist sie in Deutschland im gleichen Zeitraum um mehr als ein Prozent geschrumpft. Innerhalb der Europäischen Union hat Deutschland die schlechteste Jobperformance. Dafür liegt Deutschland, was die Höhe der Bruttolöhne betrifft, einsam an der Spitze - eine Folge der hohen Lohnnebenkosten, die hauptsächlich durch die teuren Sozialsysteme expandiert sind. Wir geben zu viel unserer Wertschöpfung für Sozialleistungen aus und zu wenig für Investitionen. Während die USA lediglich 13 Prozent ihres Bruttosozialprodukts für Soziales ausgeben, sind es in Deutschland 33 Prozent. Deutschland muß seine Arbeitsmärkte liberalisieren und die falschen Anreizmechanismen seiner Sozialsysteme korrigieren, wenn es im Wettbewerb mit anderen Nationen attraktiver für Investitionen werden will.

6. Häufig wird die Wettbewerbsfähigkeit eines Landes mit der Wettbewerbsfähigkeit seiner Unternehmen gleichgesetzt. Dies ist jedoch nur bedingt richtig: Unternehmen können Produktionen ins Ausland verlegen, wenn sich die Bedingungen im eigenen Land verschlechtern und sie im Ausland relativ günstigere Bedingungen vorfinden. Insofern ist der Umfang der Arbeitslosigkeit ein besserer Indikator für strukturelle Defizite im Standortwettbewerb mit anderen Ländern.

Daß Deutschland als zweitgrößtes Exportland beim Exportüberschuß im vergangenen Jahr einen neuen Rekord aufstellte, sollte uns nicht zu falschem Stolz verleiten. Die hervorragende Exportperformance belegt die Stärke der deutschen Unternehmen, nicht aber die Attraktivität der Standortbedingungen in Deutschland. Das Argument verliert völlig seine Überzeugungskraft, wenn man bedenkt, daß Japan seit Jahren das Land mit dem größten Exportüberschuß überhaupt ist, obwohl Japan seit Beginn der neunziger Jahre eine tiefe strukturelle Krise durchmacht, kaum Wachstumsdynamik aufweist und ebenfalls mit stark steigender Arbeitslosigkeit konfrontiert ist.

Auch daß Deutschland ein höheres Produktivitätswachstum als die USA vorweisen kann, ist kein eindeutiger Beleg für Wettbewerbsstärke, sondern ein zweischneidiges Argument. Denn ein entscheidender Grund für den deutschen Produktivitätsschub sind die starken Rationalisierungsinvestitionen. Als Reaktion auf eine Lohnpolitik, die die Löhne für niedrige Qualifikationsstufen überproportional anhob, haben die deutschen Industrieunternehmen zur Kostenentlastung massiv in Rationalisierungen investiert und massenhaft gering qualifizierte Arbeitskräfte entlassen. Das hatte zwei Folgen: Erstens war es für die Unternehmen vielfach lohnender, Geld in die Rationalisierung anstatt für neue Produkte zu investieren. Darin liegt Deutschlands Stärke bei Prozeßinnovationen und Schwäche bei Produktinnovationen begründet. Zweitens ist heute etwa jeder zweite Arbeitslose gering qualifiziert und damit schlecht zu vermitteln, was die Arbeitslosigkeit mit dem hohen Anteil von Langzeitarbeitslosen verfestigt.

7. Häufig wird als Kritik angeführt, die Globalisierung führe zu einer übermäßigen Konkurrenz, die globalen Unternehmen könnten die Staaten und Arbeitnehmer gegeneinander ausspielen mit dem fatalen Ergebnis, daß es zu einer wirtschaftlichen Abwärtsspirale und Deflation kommen müsse. Immer niedrigere Löhnen und ein immer weiter ausgehöhlter Sozialstaat lasse die gesamtwirtschaftliche Nachfrage schrumpfen, so daß die Unternehmen ihre Waren nicht mehr absetzen könnten. "Autos kaufen keine Autos" - mit diesem Satz begründete Ex-Finanzminister Oskar Lafontaine seine Argumentation für eine Nachfragepolitik und kräftige Lohnerhöhungen, die den der Globalisierung immanenten deflationären Tendenzen entgegenwirken sollten.

Doch diese Argumentation verrät ein prinzipielles Mißverständnis von Wettbewerb und Globalisierung. Denn erst der Wettbewerb und die immer intensivere weltwirtschaftliche Arbeitsteilung haben die gewaltige Produktivitätssteigerung im Kapitalismus ermöglicht und die materielle Basis unseres Sozialstaats gelegt. Wettbewerb ist keine Nullsummenspiel, sondern der Innovationsmotor überhaupt, der technischen Fortschritt ermöglicht. Der Sozialstaat ist denn auch durch die Globalisierung keineswegs prinzipiell gefährdet. Allerdings muß er reformiert werden.

Der Umfang unserer Sozialleistungen wird im wesentlichen von zwei Faktoren bestimmt:

Erstens von unserer nationalen Produktivität. Der Umfang unseres Sozialstaates hängt vor allen Dingen von unserer wirtschaftlichen Leistungsfähigkeit ab. Allerdings gilt auch für Nationen (wie für Unternehmen) die einfache Wahrheit, daß nicht mehr verteilt werden kann, als produziert wird. Die Finanzierung überzogener Ansprüche an den Sozialstaat durch eine wachsende Staatsverschuldung steht im Widerspruch zum Prinzip der Nachhaltigkeit, das auch für die Wirtschaft gelten sollte. Steigende Schulden bedeuten, daß die aktuellen Bedürfnisse zu Lasten der kommenden Generationen befriedigt werden. Auf Dauer kann das Sozialsystem nicht schneller wachsen als unsere Wirtschaftsleistung. In den vergangenen Jahrzehnten ist der Sozialstaat stark expandiert. Lag sein Anteil am BIP 1960 noch unter 25 Prozent, geben wir heute bei einem Anteil von 33 Prozent des BIP in Deutschland jede dritte erwirtschaftete Mark in Form von Sozialleistungen aus. Dies wurde zum einen durch eine zunehmende Staatsverschuldung finanziert - mit dem Ergebnis, daß die Staatshaushalte heute durch die wachsenden Ausgaben für Zinsen und Tilgung kaum noch Spielraum für Investitionen in die Infrastruktur haben.

Zweitens wird der Umfang des Sozialstaates davon bestimmt, welchen Anteil unseres Volkseinkommens in Form von Löhnen und Gewinnen direkt verteilt und wieviel über Steuern und Sozialabgaben umverteilt wird. Der Anteil der Umverteilung ist Ergebnis staatlicher Politik und unterliegt insofern der politischen Willensbildung. Die Vorrangstellung für das Soziale zeigte sich auch in der zunehmenden Beitragssätzen für die Sozialversicherung. Dies kann aber ebenfalls nicht so weitergeführt werden. Bis weit in die SPD hinein besteht heute Konsens, daß die Abgabenbelastung zurückgeführt und der Sozialstaat reformiert und schlanker werden muß. Das hat nichts mit seiner Abschaffung zu tun sondern lediglich damit, daß er bezahlbar, effizienter und gerechter werden muß.

8. Falsch ist es auch, wenn gesagt wird, daß die Globalisierung das Primat der Politik aufhebe. Kritiker beklagen, daß Unternehmen heute die Freiheit haben, sich einer von ihnen als falsch empfundenen staatlichen Politik zu entziehen, indem sie dort investieren, wo ihnen bessere unternehmerische Rahmenbedingungen geboten werden. Doch ist es wirklich schlecht, daß es auch einen Wettbewerb der politischen Systeme gibt? Wer das Primat der Politik so versteht, daß Politiker willkürlich mit der Wirtschaft umspringen können, etwa um "die Belastbarkeit der Wirtschaft zu testen", wie dies in der SPD Ende der sechziger Jahre Mode war, der unterminiert die Quelle unseres Wohlstandes. Die Wirtschaft folgt bestimmten Gesetzen und Regeln, das Primat der Politik kann insofern nicht als Recht auf eine unsinnige Politik verstanden werden. Gerade in Zeiten hoher struktureller Arbeitslosigkeit wächst die Verpflichtung der Politik, mit einer vernünftigen Wirtschafts-, Sozial- und Bildungspolitik Antworten darauf zu finden. Wer stattdessen über den angeblichen Verlust der Politikmächtigkeit lamentiert, kaschiert nur die Unfähigkeit und Unwilligkeit, seine Politik der Realität anzupassen. Es gibt durchaus Spielraum für nationale Politik. Wir brauchen nicht blindlings das amerikanische Modell zu adaptieren. Das Beispiel der Niederlande zeigt, daß Politik in der Ära der Globalisierung zu gestalten vermag.

Allerdings starten wir in Deutschland die Reformdebatte mit einer Verspätung von zehn bis fünfzehn Jahren gegenüber vergleichbaren Ländern. Gerade deshalb sollten wir von erfolgreichen Ländern im Sinne von *Best Practise* lernen und nicht glauben, daß wir das Rad neu erfinden müßten. Das Benchmarking, mit dem Unternehmen ihre Position im Wettbewerb analysieren, ist auch für den Vergleich von Nationen und Standorten aussagekräftig.

Der Vergleich mit den USA und mit den Niederlanden ist für uns vor allem deshalb so interessant, weil sie unterschiedlichen Politikverständnissen folgen. Die USA legen das Gewicht mehr auf die Verantwortung des Individuums und leisten sich deshalb nur einen begrenzten Sozialstaat, die Niederlande sind mehr konsensorientiert und leisten sich dementsprechend einen umfangreicheren Sozialstaat. Aufgrund unserer korporatistischen und sozialen Tradition dürften für uns die Niederlande als Vorbild näher liegen. Gleichwohl gilt es von den Erfahrungen der USA zu lernen, vor allem zu untersuchen, wie der langanhaltende Wirtschaftsaufschwung und die hohe Beschäftigungsdynamik ermöglicht wurde.

Wie auch immer wir uns in Deutschland entscheiden, einer bitteren Erkenntnis müssen wir ins Auge sehen: Das Modell Deutschland, ein Wahlkampfschlager aus den Zeiten Helmut Schmidts, ist nicht mehr attraktiv. Dieses Modell bedarf dringend der Überarbeitung, und da ist es sehr hilfreich zu sehen, was andere Länder besser machen.

Literatur

Ulrich Beck, Was ist Globalisierung?, Frankfurt 1997.

DIW, Globalisierung: Falle oder Wohlstandsquelle?, in DIW-Wochenbericht 23/1997.

Viviane Forrester, Der Terror der Ökonomie, Wien 1997.

Die Gruppe von Lissabon, Grenzen des Wettbewerbs: Die Globalisierung der Wirtschaft und die Zukunft der Menschheit, Bonn 1997.

Angus Maddison, The Nature and Functioning of European Capitalism: A Historical and Comparative Perspective, Groningen Growth and Development Centre, Working Paper, October 1997.

Hans-Peter Martin, Harald Schumann, Die Globalisierungsfalle, Reinbek 1997.

Klaus Methfessel, Jörg Winterberg, Der Preis der Gleichheit, Wie Deutschland die Chancen der Globalisierung verspielt, Düsseldorf, München 1998.

John Rawls, Eine Theorie der Gerechtigkeit, Frankfurt 1979.

David Ricardo, Grundsätze der politischen Ökonomie, Frankfurt 1980.

C. Christian von Weizsäcker, Logik der Globalisierung, Göttingen 1999.

Klaus Zwickel, Streiten für Arbeit, Gewerkschaften contra Kapitalismus pur, Berlin 1998.

Klaus Methfessel, Jahrgang 1950, Studium der Volkswirtschaftslehre in Bonn, Diplom-Volkswirt. Nach redaktionellen Tätigkeiten in diversen Funktionen bei *Capital* und *Manager Magazin* seit 1996 stellvertretender Chefredakteur und Ressortleiter für Wirtschaft und Politik bei der *Wirtschaftswoche* in Düsseldorf.

Jan A. Eggert

Die weltwirtschaftliche Dimension: Wie reagieren Deutschland und die USA auf die Globalisierung der Märkte und der Produktion?

Was bedeutet die Globalisierung für Deutschland?

DEUTSCHLAND ist heute mehr denn je herausgefordert, seine Wettbewerbsfähigkeit unter Beweis zu stellen, um seine traditionell starke Position auf den immer härter umkämpften Märkten zu behaupten. Ursache hierfür ist die rasant gestiegene Verflechtung der internationalen Güter, Dienstleistungs- und Kapitalmärkte sowie das Auftreten neuer Konkurrenten auf dem Weltmarkt. Insbesondere die Innovationen im Bereich der Informations- und Kommunikationstechnologie wie auch Verbesserungen im Transportwesen haben die weltweite Vernetzung der Volkswirtschaften beschleunigt. Der weltweite Konkurrenzkampf um Märkte und Marktanteile hat im industriellen Bereich eine ganz neue, vorher nicht gekannte Intensität erreicht. Für diese neue Dimension der weltwirtschaftlichen Verflechtung steht heute der Begriff "Globalisierung".

Die Globalisierung der Wirtschaft ist durch drei Entwicklungen gekennzeichnet: den schnellen Anstieg des Welthandelsvolumens, eine zunehmende internationale Kapitalverflechtung und das starke Anwachsen des Kapital- und Devisenverkehrs. Die Weltwirtschaft ist den letzten Jahren durchschnittlich um knapp 3 Prozent gewachsen, das Welthandelsvolumen jedoch um etwa 6 Prozent. Weltweit werden Tag für Tag Devisenhandelsgeschäfte von umgerechnet ca. 200 Milliarden DM getätigt. In Sekundenschnelle werden Milliardenbeträge um den Globus geschickt. Leistungsfähige Netze sowie neue Informations- und Kommunikationstechniken haben die integrierte Industrie-, Dienstleistungs- und Informationsgesellschaft geschaffen. Märkte werden transparenter. Schnelle und kostengünstige Transportmittel haben dazu geführt, daß räumliche Distanzen immer weniger ein Hindernis darstellen. Die Welt ist zu einer globalen Forschungs-, Entwicklungs- und Produktionsstätte geworden.

Gleichzeitig haben sich die weltwirtschaftlichen Gewichte verschoben. Immer mehr Entwicklungs- und Schwellenländer integrieren sich in die internationale Arbeitsteilung und treten als Handels- und Investitionspartner auf. Dies gilt u.a. für Wachstumsmärkte in Asien und Lateinamerika. Während der Anteil der Entwicklungsländer an den weltweiten Exporten 1970 noch 19 Prozent betrug, ist er in den letzten Jahren auf fast 30 Prozent angestiegen. Ähnliches gilt für die Entwicklung der weltweiten Kapitalströme: Die Direktinvestitionsbestände haben sich von 1980 bis 1995 verdreifacht und liegen bei ca. 3000 Milliarden US Dollar.

Der Beteiligung der Entwicklungs- und Schwellenländer am internationalen Kapitalverkehr ist in den letzten Jahren erheblich angestiegen.

Der Globalisierungsprozeß an sich ist nichts Neues. Mit der Entwicklung der modernen Massenproduktion nahmen immer mehr Länder am internationalen Handel teil. Multinationale Unternehmen, die über Produktionsstätten und Niederlassungen in mehreren Ländern verfügen und internationale Strategien entwickeln, gehören seit Jahrzehnten zum internationalen Wirtschaftsleben. Auch einzelne deutsche Unternehmen haben schon früher einen großen Teil ihres Geschäfts im Ausland abgewickelt bzw. waren international vertreten. Beispiele hierfür sind die deutsche chemische Industrie, die schon vor 1935 einen hohen Internationalisierungsgrad erreicht hatte, sowie international tätige Handelshäuser, die gerade im Handel mit Entwicklungs- und Schwellenländern eine wichtige Rolle gespielt haben.

Heute sind verstärkt auch kleine und mittlere Unternehmen, die rund 95 % der deutschen Industriebetriebe ausmachen, global tätig. In einigen typischen mittelständisch geprägten Branchen wie Maschinenbau, Textil, Kunststoffindustrie, sowie Feinmechanik und Optik ist die Internationalisierung schon weit fortgeschritten. Mit ihrer Marktnähe, der Flexibilität und der Fähigkeit, weltweit Spitzenleistungen anzubieten, nutzen sie zunehmend die Chancen der Globalisierung.

Deutschland ist verhältnismäßig stärker in die Weltwirtschaft integriert als andere große Industrieländer. Die deutsche Exportquote liegt bei 24 Prozent, während die amerikanische bei 11,5 Prozent und die japanische bei 11 Prozent liegt. Ein beträchtlicher Teil unseres Wohlstands wird im Außenhandel erwirtschaftet. Seit geraumer Zeit verliert die deutsche Exportwirtschaft jedoch Marktanteile, vor allem in den Wachstumsmärkten hat sich die Position relativ verschlechtert. Auch die Bilanz der Direktinvestitionen zeigt, daß Deutschland noch Nachholbedarf hat. Deutsche Unternehmen haben zwar mit steigendem Trend im Ausland investiert - 1998 einen Rekordwert von fast 150 Mrd. DM - , allerdings haben sich andere europäische Länder wie England und Frankreich in den letzten Jahren noch stärker im Ausland engagiert.

Für den Erfolg der deutschen Unternehmen im internationalen Geschäft und damit auch für den Wohlstand in Deutschland sind zunächst einmal wettbewerbsfähige Standortbedingungen in Deutschland entscheidend. Durch den internationalen Standortwettbewerb sind die Anforderungen an die nationale Wirtschaftspolitik gewachsen. Die Gestaltung der nationalen Rahmenbedingungen ist in einer stark verflochtenen Weltwirtschaft von entscheidender Bedeutung für die internationale Wettbewerbsfähigkeit der Unternehmen. Dieses gilt in besonderem Maß für Unternehmen, die dem weltweiten Konkurrenzdruck am stärksten ausgesetzt sind.

Als Standortnachteile sind insbesondere zu nennen:
- Die Belastung der Unternehmen mit Steuern und Abgaben erreicht im internationalen Vergleich Spitzenwerte.

- Die im internationalen Vergleich hohen Arbeitskosten.
- Hohe Regelungsdichte bei Planungs- und Genehmigungsverfahren sowie im Umweltschutz.

Letztlich geht es jedoch darum, alle Bereiche der Wirtschaft und Gesellschaft unter dem Gesichtspunkt zu betrachten, ob sie den Herausforderungen der Globalisierung gewachsen sind. Für Deutschland als Mitglied der Europäischen Union ist dieses natürlich nicht allein eine Aufgabe, die sich auf die nationale Ebene beschränken kann. Die EU als Ganzes steht ebenso im internationalen Wettbewerb wie die einzelnen Mitgliedsländer. Der europäische Binnenmarkt, die europäische Währungsunion, institutionelle Reformen, die Erweiterung der EU - all dieses sind Projekte, die sich im Licht der neuen internationalen Herausforderungen bewähren müssen.

Strategien deutscher Unternehmen in der Globalisierung

Wie stellen sich die deutschen Industrieunternehmen auf die Herausforderungen der Globalisierung ein? Sind sie für den internationalen Wettbewerb gerüstet? Bei dieser Frage muß man sicherlich in Deutschland unterscheiden zwischen dem Mittelstand, der etwa 95 Prozent der deutschen Industrie repräsentiert, und den Großunternehmen.

Der deutsche Mittelstand ist traditionell international orientiert und beliefert schon lange Märkte weltweit. Dieses ist zunächst ein reines Exportgeschäft. Entwicklungen in einzelnen Branchen und Teilbranchen verliefen hier allerdings sehr unterschiedlich. Einige Unternehmen aus dem Maschinenbau verzeichnen z.T. sehr hohe Exportanteile. So ist z.B. die deutsche Textil- und Bekleidungsmaschinenindustrie traditionell weltweit gut vertreten, und man findet Unternehmen mit Exportanteilen von über 50 Prozent. In den letzten Jahren kamen verstärkt auch Investitionen hinzu, die u.a. unter dem Aspekt von Vertrieb und Service getätigt werden. Mit Produktionsstätten ist der deutsche Maschinenbau international bislang weniger vertreten. Anders die deutsche Bekleidungsindustrie, die unter dem Druck der internationalen Konkurrenz mittlerweile ihre Produktion in hohem Maße ins Ausland verlagert hat, z.T. in Form der sogenannten passiven Veredelung. Der deutsche Mittelstand geht häufig auch als Zulieferer deutscher multinationaler Unternehmen ins Ausland. Dies trifft u.a. für den Bereich der Automobilindustrie zu.

Bei den Großunternehmen stellen wir in Deutschland ebenso wie in anderen Ländern ein Abrücken von den vorher verfolgten Diversifizierungsstrategien hin zu einer Konzentration auf das Kerngeschäft fest. Dieses trifft auch auf die deutschen Konglomerate wie VIAG, VEBA etc. zu. Zum entscheidenden Kriterium wird zunehmend der *Shareholder Value*, die Attraktivität für das internationale Kapital. Dies bestimmt den Wert des Unternehmens. Die eigenen Aktien werden zur Übernahmewährung. Somit muß die Ertragskraft aller Unternehmenssegmente optimiert werden, unrentable Unternehmensteile werden abgestoßen und neue Unternehmensaktivitäten angegliedert. Dies kann bis zum kompletten Konzernumbau führen. Ein Beispiel für diese Entwicklung bietet der PREUSSAG-Konzern, der sich von einem Grundstoff- und Technologieunternehmen zu einem Dienstleistungskonzern mit den Kernaktivitäten Logistik und Touristik gewandelt hat.

Ein weiteres Erfordernis für *Global Player* ist, daß sie in ihren Kernfeldern international führend sein müssen. Dazu gehört, in den jeweiligen ausländischen Märkten wie ein nationales Unternehmen vertreten zu sein. Beispiele hierfür sind Unternehmen wie Henkel, BASF, Hoechst, Daimler, Siemens sowie Banken und Versicherungen.

Großfusionen wie in den USA sind mit Blick auf den europäischen Binnenmarkt - gefördert durch die Einführung des EURO - sowie als Antwort auf eine weitere Globalisierung des jeweiligen Geschäftsfeldes verstärkt zu beobachten.

In diesem Zusammenhang ist sowohl hinsichtlich der Strategien des Mittelstands als auch der Großunternehmen festzuhalten, daß die jeweiligen Produktmärkte sehr unterschiedlich strukturiert sind und das Produkt bzw. die jeweilige Marktgröße die Strategie vorgibt. Konkret: die Gegebenheiten auf dem internationalen Markt für Pharmazeutika unterscheiden sich völlig von denen im Bereich der Automobilindustrie oder denen der Ernährungsindustrie. Entsprechend unterscheiden sich auch die spezifischen Globalisierungsstrategien der Unternehmen.

Die Globalisierung der Märkte führt konsequenterweise auch dazu, daß die Strategien unterschiedlicher nationaler Industrien sich immer stärker angleichen. So gehen US-Unternehmen grundsätzlich nicht anders vor als deutsche Unternehmen, allerdings spielt für den amerikanischen Mittelstand internationales Geschäft bei weitem nicht die Rolle wie für den deutschen. Dies hat zwei Gründe:
- Das größere Volumen des US-Marktes
- Der US-Mittelstand ist weniger mit internationalem Geschäft vertraut. Ausnahmen: Spitzenunternehmen im Bereich Elektronik, EDV, Medizintechnik.

Grundsätzlich sind US-Unternehmen jedoch risikobereiter als deutsche Unternehmen. Sie gehen schneller in neue Märkte, verfolgen jedoch eher eine kurzfristigere Strategie und ziehen sich schnell zurück, wenn das kurzfristige Unternehmensergebnis gefährdet ist (Beispiel: US-Engagement in Asien).

Deutsche Unternehmen auf dem Weltmarkt

Deutschland ist Export-Vizeweltmeister, allerdings mit einem in den letzten Jahren gesunkenen Anteil am Welthandel. Darüber können die hohen Ausfuhrüberschüsse der letzten Jahre nicht hinwegtäuschen. Bei den Direktinvestitionen im Ausland liegt Deutschland mit Investitionen von 251 Mrd. DM von 1990 bis 1997 auf Platz fünf in der OECD. Auch hier ist durchaus ein Nachholbedarf festzustellen, denn letztlich kommt es nicht nur auf hohe Exporte an, sondern darauf, auf den Märkten präsent zu sein und damit langfristig die Position zu sichern.

In welchen Weltregionen haben sich deutsche Industrieunternehmen besonders engagiert und wie haben sie ihre Wirtschaftsinteressen weltweit wahrgenommen?

Deutsche Unternehmensaktivitäten konzentrieren sind nach wie vor stark auf Westeuropa: Fast 60 Prozent der deutschen Exporte gehen in westeuropäische Länder und mehr als 50 Prozent der deutschen Direktinvestitionen fließen dorthin. Der europäische Binnenmarkt und die europäische Währungsunion sind für den Mittelstand immer noch eine Herausforderung, hier muß er sich behaupten und bewähren. Für viele deutsche Großunternehmen ist der europäische Binnenmarkt bereits der Heimatmarkt, die Basis für weitere Aktivitäten weltweit.

Die USA sind nach wie vor der größte zusammenhängende Binnenmarkt der Welt, und für deutsche Unternehmen der zweitwichtigste Absatzmarkt (1998: 9 Prozent der Exporte) sowie wichtigstes Investitionsland (1997: 22 Prozent). Großunternehmen und mittelständische Unternehmen haben im Laufe der Jahre diesen Markt mit seinen fast unbegrenzten Möglichkeiten für sich entdeckt und ihre Positionen auf- und ausgebaut. Allerdings sind die USA ein schwieriger Markt, der von deutschen Unternehmen häufig unterschätzt wird. Die deutsch-amerikanischen Wirtschaftsbeziehungen haben sich - als Teil der transatlantischen Wirtschaftsbeziehungen - auf solider Grundlage und trotz mancher handelspolitischen Auseinandersetzungen kontinuierlich weiterentwickelt.

Beschäftigt mit der Ausrichtung auf den europäischen Binnenmarkt, haben sich deutsche Industrieunternehmen erst relativ spät den *Emerging Markets* in Asien zugewandt. Der deutsche Exportanteil nach Südost-Asien belief sich beispielsweise 1997 auf lediglich 4 Prozent, der Export nach Japan und die Direktinvestitionen dorthin jeweils auf 2 Prozent.

Auch in Lateinamerika haben deutsche Unternehmen trotz traditioneller Bindungen an diesen Kontinent die aktuellen Chancen sehr spät und nur zögernd aufgegriffen. Dieses wird daran deutlich, daß deutsche Unternehmen sich kaum an Privatisierungen in Lateinamerika beteiligt haben. Lediglich knapp 6 Prozent der deutschen Direktinvestitionen gehen nach Lateinamerika.

Gut im Geschäft sind deutsche Unternehmen hingegen in Mittel- und Osteuropa. Auch mittelständische Unternehmen investieren in erheblichem Ausmaß in den MOE-Staaten. Die Exporte in diese Länder beliefen sich 1998 auf 11 Prozent, Länder wie Polen und Ungarn liegen als Zielländer für deutsche Investitionen seit mehreren Jahren auf den ersten Rängen. Ausschlaggebend hierfür ist die Nähe der Märkte, eine verhältnismäßig gut ausgebaute Infrastruktur und ausgebildete Arbeitskräfte sowie eine günstige Kostenstruktur.

Deutlich abgeschwächt hat sich hingegen die Bedeutung des Nahen und Mittleren Ostens für die deutsche Industrie. War diese Region in Zeiten hoher Öleinnahmen noch eines der Hauptabsatzgebiete für den deutschen Maschinen- und Anlagenbau, die Elektroindustrie und die Automobilhersteller, so sind diese Boomzeiten längst vorbei. Im internationalen Wettbewerb ist es schwieriger geworden, an dem geringeren Geschäftsvolumen zu partizipieren. Auch die politischen Entwicklungen in der Region haben sich dämpfend auf das Geschäft ausgewirkt.

Bleibt der afrikanische Kontinent, der trotz bescheidener wirtschaftlicher Erfolge des einen oder anderen Landes auch für die deutsche Industrie eher als "vergessener Kontinent" einzustufen ist. Während es im südlichen Afrika immer noch eine Reihe von Geschäfts- und Projektmöglichkeiten gibt, geht es im übrigen Afrika eher darum, in Kooperation mit Projekten der Entwicklungszusammenarbeit Exporte und Investitionen zu realisieren.

Insgesamt gesehen hat sich die deutsche Industrie stark auf die traditionellen Märkte in Europa und Nordamerika konzentriert. Entsprach dieses bisher einer Notwendigkeit, die sich aus der europäischen Entwicklung erklärt, so werden sich deutsche Unternehmen künftig verstärkt auf die *Emerging Markets* konzentrieren müssen, wenn sie international mithalten wollen. Dieses gilt auch angesichts der jüngsten Krisenentwicklungen und temporärer Entwicklungsrückschläge in einzelnen Ländern und Regionen.

Anforderungen der deutschen Industrie an die staatliche Außenwirtschaftspolitik

Auch die Außenwirtschaftspolitik, also die Wirtschaftspolitik des Staates gegenüber Drittländern, steht mit der Globalisierung vor besonderen Herausforderungen. Ein zentrales Element der Außenwirtschaftspolitik ist die internationale Handelspolitik. Das Regelwerk für Handel und Investitionen wird in internationalen Verhandlungen der Staatengemeinschaft fortentwickelt und materialisiert sich u.a. auf der Ebene von UN-Organisationen, Internationalem Währungsfonds, Welthandelsorganisation und OECD.

Für die deutsche Industrie, die traditionell stark von der Außenwirtschaft abhängig und damit international orientiert ist, ist der liberale Ausbau des weltweiten Regelwerks für Handel und Investitionen von entscheidender Bedeutung, um sich im internationalen Wettbewerb zu behaupten. Zugleich stützt sich die deutsche Industrie bei ihrem internationalen Engagement auf die staatliche Außenwirtschaftsförderung, die u.a. für mittelständische Unternehmen eine unerläßliche Geländerfunktion bei ihrem Weg auf die internationalen Märkte hat.

Doch zunächst zum internationalen Regelwerk für Handel und Investitionen. Deutschland hat in der Vergangenheit grundsätzlich eine sehr freihandelsorientierte Handelspolitik verfolgt. Heute liegt die Kompetenz für die internationale Handelspolitik bei der EU. Deutschland hat zwar immer noch ein gewichtiges Wort mitzureden, bestimmt die Handelspolitik aber nicht allein. In der Auseinandersetzung mit anderen EU-Staaten, die z.T. eine weniger ausgeprägte freihändlerische Tradition haben, sind Kompromisse notwendig, die häufig auf eine Einigung auf kleinstem gemeinsamem Nenner hinauslaufen. Diese Problematik wurde deutlich sichtbar bei den Auseinandersetzungen um die Bananenmarkt-Ordnung der EU. Von den nun in Kraft getretenen Sanktionen, die die USA gegenüber europäischen Produkten verhängt haben, ist auch die deutsche Industrie negativ betroffen.

Es hat sich gezeigt, daß die schwierige Kompromißsuche innerhalb der EU und Unklarheiten hinsichtlich der Verhandlungskompetenz in Fragen, die nicht unmittelbar Handelspolitik betreffen, häufig zu einer Schwächung der internationalen Verhandlungsposition der EU geführt hat. Dieses ist um so gravierender, als die EU und die USA als die größten Welthandelspartner heute weitgehend die internationale Handels- und Investitionspolitik bestimmen und in gemeinsamer Verantwortung Garant für den internationalen Freihandel sind. Unter diesem Gesichtspunkt richtet die deutsche Industrie in besonderer Weise die Erwartung an die EU, daß sie auf Freihandel setzt und protektionistischen Tendenzen eine Absage erteilt.

Konkret geht es darum, daß die EU in den europäisch-amerikanischen Handelskonflikten ihren Verpflichtungen nachkommt und damit zu einer Entschärfung dieser Konflikte beiträgt. Dieses ist besonders wichtig, um die Vorbereitungen und Zielsetzung für die 3. Ministerkonferenz der WTO Ende November in Seattle nicht zu belasten.

Kernforderungen der deutschen Industrie für die WTO-Ministerkonferenz sind
- die 3. WTO-Ministerkonferenz muß Auftakt für eine umfassende Verhandlungsrunde der WTO sein
- weitere Liberalisierung der Agrarmärkte
- Ausbau der Liberalisierungen im internationalen Dienstleistungshandel
- Erweiterung des Abkommens zum Öffentlichen Auftragswesen
- Aufnahme von Verhandlungen für Multilaterale Investitionsvereinbarungen
- Aufnahme wichtiger Handelspartner (z.B. China) in die WTO
- Aufnahme von Fragen der internationalen Wettbewerbspolitik in die Agenda
- Klärung des Verhältnisses von internationalen Umweltabkommen zur Handelspolitik
- Stärkung der WTO als zentrale handelspolitische Institution

Die *Transatlantic Economic Partnership* (TEP) zwischen EU und USA ist ein wichtiges Forum, um Interessen bilateral auf politischer Ebene darzustellen und Konflikte zu entschärfen. Dieses Forum muß ebenfalls genutzt werden, um die Weichenstellungen für die internationale handelspolitische Agenda vorzunehmen.

Ich komme damit zur staatlichen Außenwirtschaftsförderung, die der direkten Unterstützung der Unternehmen bei ihrem Auslandsengagement dient und u.a. für den Mittelstand von großer Bedeutung ist. Mit der Verschärfung des internationalen Wettbewerbs und verstärkten Anforderungen mittelständischer

Unternehmen müssen auch die Instrumente der staatlichen Außenwirtschaftsförderung auf den Prüfstand gestellt werden.

In Deutschland haben wir heute das System der drei Säulen (Botschaften - Auslandshandelskammern - Bundesstelle für Außenhandelsinformation) sowie die Auslandsmesseförderung, Instrumente zur Exportfinanzierung und Risikoabsicherung (Hermes) sowie Kapitalanlagegarantien für Auslandsinvestitionen. Angesichts der gewachsenen Anforderungen und eines verschärften internationalen Förderwettbewerbs hat sich der BDI für mehr Bündelung und Koordinierung der Instrumente, mehr Transparenz, mehr Effizienz sowie stärkere politische Flankierung des Auslandsgeschäfts ausgesprochen. Außerdem müssen auch Politikbereiche, die außenwirtschaftsfördernde Effekte haben, wie z.B. Entwicklungspolitik, auswärtige Kulturpolitik und internationale Zusammenarbeit in der Bildungspolitik stärker in eine interessenorientierte Koordination einbezogen werden.

Strategien von Unternehmensorganisationen zur Globalisierung

Daß große Unternehmen ihre Aktivitäten internationalisieren und auch Klein- und Mittelunternehmen sich immer weniger diesem Druck entziehen können, fordert auch die Verbände und sonstigen Wirtschaftsorganisationen heraus. Ihre Aufgaben wachsen, ihre Handlungsfelder als Interessenvertreter und Dienstleister erweitern sich.

Die wirtschaftspolitische Interessenvertretung auf nationaler Ebene, die trotz Globalisierung und Einbindung Deutschlands in die Europäische Union nach wie vor wichtig ist, ist umfassender und komplizierter geworden. Traditionelle Themenfelder wie Steuerpolitik und Infrastrukturfragen haben im Kontext des internationalen Standortwettbewerbs an Gewicht gewonnen. Andere Themenfelder wie Umweltpolitik oder technologische Wettbewerbsfähigkeit sind sinnvoll nur in internationalen Zusammenhängen zu behandeln. Zudem ist die europäische Dimension für die meisten Fragen wirtschaftspolitischer Interessenvertretung nicht mehr wegzudenken.

Zunehmend wichtiger geworden ist allerdings die Wahrnehmung der Interessen international tätiger Unternehmen in der Europäischen Union und gegenüber internationalen Organisationen wie der WTO, der OECD und den UN-Organisationen. Präsenz in Brüssel und anderen internationalen Entscheidungszentren, der enge Kontakt zu Verbänden in Partnerländern und die Kooperation mit internationalen Dachverbänden wie dem europäischen Industrieverband UNICE, dem BIAC, einer Organisation der Unternehmerverbände aller OECD-Länder in Paris, sowie der Internationalen Handelskammer (ICC) gehören deshalb zum Kerngeschäft wirtschaftspolitischer Interessenvertretung.

Aus dem Bedarf an stärkerer internationaler Zusammenarbeit sind ebenfalls eine Reihe von Dialogforen der Wirtschaft erwachsen, die auf regionaler Ebene zu einer Intensivierung der Wirtschaftsbeziehungen und zur Eliminierung wirtschaftshemmender Faktoren beitragen wollen. Hier ist u.a. der *Transatlantic Business Dialogue* (TABD) zu nennen. Die besondere Bedeutung des TABD besteht darin, daß Wirtschaftsvertreter der beiden wichtigsten Wirtschaftsblöcke der Welt sich regelmäßig zusammenfinden mit dem Ziel, Hindernisse im EU-US-Wirtschaftsverkehr zu beseitigen. Der TABD hat allerdings wegen des wirtschaftlichen Gewichts von EU und USA Bedeutung über die bilateralen Beziehungen hinaus entwickelt und spielt eine wichtige vorprägende Rolle für das Geschehen in der Welthandelsorganisation. Die Themenbereiche des TABD werden in den Working Groups *Standards and Regulatory Policy*, *Business Facilitation*, *Global Issues*, *Small and Medium Sized Enterprises* sowie *Electronic Commerce* behandelt. Weitere Wirtschaftsdialoge existieren zwischen EU und Mercosur (MEBF), mit Asien (ASEM), Japan sowie mit Rußland.

Auch konkrete Dienstleistungen der Verbände orientieren sich immer stärker an den internationalen Erfordernissen der Unternehmen. So haben Wirtschaftsorganisationen und Verbände in den letzten Jahren, z.T. in Kooperation mit Bundesregierung und anderen staatlichen Stellen, sogenannte Regionalinitiativen gegründet, deren Ziel es ist, deutsche Unternehmen verstärkt an die *Emerging Markets* heranzuführen und die Wirtschaftskontakte zu intensivieren. Dieser Aufgabe hat sich der Ost-Ausschuß der Deutschen Wirtschaft, der Asien-Pazifik-Ausschuß, die Lateinamerika-Initiative, die Nordafrika/Mittelost-Initiative sowie die Initiative für das südliche Afrika verschrieben. Mit den besonderen Problemen der wirtschaftlichen Zusammenarbeit mit Entwicklungsländern beschäftigt sich die Arbeitsgemeinschaft Entwicklungsländer, die von den Spitzenverbänden der deutschen Wirtschaft getragen wird.

Auch die Kooperationsprogramme, die die Europäische Kommission zur Intensivierung der Kooperations- und Wirtschaftsbeziehungen zu Drittländern und Regionen durchführt, wie z.B. PHARE und TACIS (Osteuropa), ASIA-INVEST (Asien), AL-INVEST (Lateinamerika) und MEDA (Mittelmeer-Raum), werden von Verbänden und Wirtschaftsorganisationen zur Förderung von Unternehmensaktivitäten genutzt.

Schlußfolgerungen

Welche Schlußfolgerungen sind für Deutschland und die deutsche Industrie zu ziehen, um dem gewachsenen internationalen Wettbewerb und den Herausforderungen der Globalisierung besser zu begegnen?

1. Die nationalen Rahmenbedingungen in Deutschland müssen auf die Anforderungen des internationalen Standortwettbewerbs besser ausgerichtet werden. Sie sind die entscheidende Basis für die internationale Wettbewerbsfähigkeit der deutschen Unternehmen.

2. Die Attraktivität des Standortes Deutschland muß auch verbessert werden, damit ausländische Investoren stärker in Deutschland investieren und die wachsende Schere zwischen deutschen Auslandsinvestitionen und Investitionen ausländischer Unternehmen in Deutschland sich wieder schließt.

3. Auch im EU-Rahmen muß sich die Politik an den Herausforderungen der Globalisierung ausrichten. Dieses bedeutet derzeit u.a. eine Förderung der Europäischen Integration. Auf der internationalen Bühne muß die EU in handelspolitischen Fragen handlungsfähiger werden.

4. Die Bedeutung internationaler Organisationen - u.a. der Welthandelsorganisation WTO - ist mit der Globalisierung gewachsen. Sie bilden die Grundlage für einen internationalen Ordnungsrahmen für den Weltmarkt. Die nationale und die europäische Politik müssen darauf gerichtet sein, das internationale Regelwerk für Handel und Investitionen weiter liberal auszubauen.

5. Deutsche Unternehmen müssen sich auf die Anforderungen der Globalisierung weiter flexibel einstellen. Insbesondere müssen sie ihre Präsenz auf den *Emerging Markets* verstärken.

Jan A. Eggert, Jahrgang 1949, Studium der Volkswirtschaft in Freiburg, Paris und Berlin. Tätigkeit bei deutschen Industrieunternehmen in den Bereichen Organisation und Controlling, Referent beim Bundesverband der Deutschen Industrie, von 1985 bis 1989 Geschäftsführer der Deutsch-Amerikanischen Handelskammer in Atlanta/Georgia. Danach in verschiedenen Funktionen beim Bundesverband der Industrie (BDI), seit 1995 als Leiter der Abteilung Außenwirtschaftspolitik.

Jürgen Hoffmann

Globalisierung, Standortkonkurrenz und der Mythos vom "freien Markt" [1]

Einleitung: Drei Lesarten des Globalisierungsthemas

SEIT dem Ende des Ost-West-Konflikts hat in den 90er Jahren das Wort von der "Globalisierung" Konjunktur – ohne daß sich ein einheitliches Verständnis davon hat entwickeln können. Vielmehr dominieren drei Lesarten: In einer ersten Lesart wird die Globalisierung der Waren- und Finanzmärkte als eine völlig neue Entwicklungsphase, oft sogar als eine "Horrorversion" zukünftiger wirtschaftlicher und politischer – aber auch kultureller – Entwicklung verstanden, die die nationaalstaatlichen Politiken aushebelt bzw. in Konkurrenz zueinander setzt. Dies führe dann wiederum zur Zerstörung der sozialen Sicherungssyteme und des gesellschaftlichen Zusammenhalts schlechthin. Dagegen wird in einer Gegenposition das "Gerede" von der Globalisierung als vermeintliches Täuschungsmanöver entlarvt, mit dem die nationalstaatliche Politiken und vor allem die Gewerkschaftspolitik auf einen wirtschaftsfreundlichen Kurs gezwungen werden sollen. Politisch werden dann aus diesen beiden Positionen entsprechend entgegengesetzte Schlußfolgerungen gezogen: Während die erste Position zu einer eher fatalistischen Beschwörung notwendigen Widerstands neigt ("Du hast keine Chance, aber nutze sie!"), versteift sich die zweite auf ein trotziges "Weiter so!" – beide verzichten so auf realistische Gestaltungsoptionen. Der "lachende Dritte" ist dann der von keinerlei Zweifeln und Skrupeln geplagte marktradikale neoklassische Ökonom, der im Globalisierungsprozeß die Wiedergeburt des nunmehr aus den Zwängen einer vermeintlich "überregulierten" nationalstaatlichen Ökonomie befreiten Marktes feiert und der politisches Handeln nur noch als Anpassung an die ökonomischen Weltmarktzwänge definieren kann. Globalisierung wird dabei als wohlstandssteigernd definiert, weil sie ja die ökonomischen Akteure durch den entfesselten Wettbewerb zu ständiger Effizienzsteigerung zwingt – die "Satansmühle der Konkurrenz" (Karl Polanyi) wird wieder in ihr Recht gesetzt und gefeiert.

Der folgende Beitrag versucht, jenseits dieser Zuspitzungen in fünf Schritten die Ambivalenzen und Widersprüche in diesen ökonomischen und gesellschaftlichen Entwicklungen herauszuarbeiten. Denn es sind diese Ambivalenzen, die nicht nur jene oft beschworenen gesellschaftlichen und politischen Risiken enthalten, sondern auch "Korridore" politischen Handelns jenseits alter nationalstaatlicher Politikkonzepte ermöglichen, sofern Politik nicht als bloße Anpassung an den stummen Zwang der Marktverhältnisse verstanden wird. Von "Ambivalenzen" im

---

[1] Die schriftliche Fassung des Referats beruht in den Grundzügen auf einem Beitrag für die Beilage zum "Parlament" – Aus Politik und Zeitgeschichte: Ambivalenzen des Globalisierungsprozesses – Chancen und Risiken des Globalisierungsprozesses (Mai 1999).

Globalisierungsprozeß auszugehen heißt dabei, drei Fehler in der Analyse zu vermeiden, denen die o.a. beiden Extrempositionen der "starken Globalisierungsthese" und der "Gobalisierungsskeptiker" gleichermaßen verfallen: Nämlich erstens die Globalisierung als einen Zustand und nicht als einen zyklisch verlaufenden Prozeß zu verstehen und zweitens dabei von global vollständig integrierten Märkten auszugehen, die unterstellt oder aber empirisch widerlegt werden – als hätte es je "perfekte" Märkte gegeben! Und drittens werden Globalisierungsprozesse analytisch oft mit "normalen" zyklischen Entwicklungen der Ökonomie und mit Umbrüchen im Produktionssystem in eins gesetzt und aus der so gewonnenen Ist - Analyse zukünftige Trends geschlossen.

1. Die Entwicklung des Handels

Die statistisch unübersehbare Entwicklung des Welthandels mit Wachstumsraten, die zeitweise ein Vielfaches der Wachstumsraten des globalen Sozialprodukts bzw. selbst des Sozialprodukts der OECD-Staaten ausmachen, wird gemeinhin als wichtigstes Zeichen für die Existenz globalisierter Märkte herangezogen. Die gar nicht zu bestreitende Tendenz der Intensivierung und Vertiefung des Welthandels muß aber zunächst einmal "historisch" wie auch "geographisch" und "sektoral" relativiert werden: *Historisch* muß zunächst festgehalten werden, daß sich der Welthandel wie kapitalistische Wachstumsprozesse überhaupt in Zyklen entwickelt und insofern die Phase hoher Ex- und Importquoten seit Mitte der 80er Jahre auch Ausdruck einer zyklischen Entwicklung darstellen kann, die z.B. in den 90 Jahren zumindest in den Ländern der Europäischen Union (in denen sich statisch bis Ende der 80er Jahre der Integrationseffekt auswirkt) und Japans wieder abklingt; erst aktuell nähern sich die Export- und Importquoten der entwickelten Länder wieder den vor 1914 erreichten an und zumindest für die EU und Japan gilt, daß der Anteil des Außenhandels am Bruttoinlandsprodukt seit Ende der 80er Jahre wieder abnimmt. Für die EU als Binnenmarkt gilt sogar, daß aktuell nur 8 - 10 v.H. des EU-Bruttoinlandsprodukts exportiert werden. *Geographisch* verteilt sich nämlich der Welthandel durchaus nicht "global", sondern ist regional konzentriert auf die Länder der OECD-Triade, nämlich die Europäische Union (über 40 v.H. Anteil), Nordamerika (knapp 20 v.H.) und Japan/südostasiatische Schwellenländer (ca. 35 v.H.). Und *sektoral* ist hervorzuheben, daß wichtige Wachstumsbereiche der Ökonomie, nämlich die personenbezogenen Dienstleistungen und der Öffentliche Dienst, in der Regel über einen niedrigen "Offenheitsgrad" nach außen verfügen.

Auch wenn dies alles keine dramatischen Veränderungen belegt, muß den Globalisierungsskeptikern doch entgegengehalten werden, daß vieles auch für einen qualitativen Wandel in der Struktur des Welthandels spricht: Zwar wird die Struktur des globalen Handels immer noch von der klassischen internationalen industriellen Arbeitsteilung geprägt und auch die Lohnhöhen spielen *noch* eine untergeordnete Rolle (nur 1,2 v.H. der Importe der OECD-Länder stammten 1990 aus "Niedriglohnländern"), dennoch: Eine neue Qualität zeigt sich nicht nur in der mit dem schnellen Wachstum des Handels einer gehenden Dynamik und Vertiefung der Handelsbeziehungen, sondern vor allem in der Verschiebung vom intersektoralen (Handel zwischen den Branchen) zum *intra*sektoralem Handel – d.h. der komplementäre Anteil am Welthandel geht zugunsten des substitutiven Anteils zurück. Dies hat eine Verschärfung der Konkurrenz in den Weltmarktbranchen zur Folge – was in der Zukunft auch für bestimmte Bereiche der Dienstleistungen gelten wird, die besonders als Informationsdienstleistungen längst international handelbar geworden sind. Und: Mit der wachsenden Vernetzung von Produktionsorten konkurrieren in Zukunft zumindest die sogenannten "Schwellenländer" als Niedriglohnproduzenten mit den Niedrigqualifikations-Arbeitsmarktsegmenten in den entwickelten Ländern – was zumindest in den Ländern der EU die aktuell steigende Arbeitslosigkeit im Teilarbeitsmarkt für Niedrigqualifizierte mit erklären mag.

2. *Auslandsdirektinvestitionen (FDI), Löhne und Arbeitsmärkte*

Die seit Mitte der 80er Jahre in absoluten wie relativen Zahlen dramatisch angestiegenen Auslands-Direktinvestitionen (FDI) gelten als weiteres Indiz für den Globalisierungsprozeß, für die gewachsene Mobilität des Kapitals und – in der Standortdebatte der Bundesrepublik – für den „Export von Arbeitsplätzen" in der Standortkonkurrenz. Allerdings: Bei genauerem Hinsehen spielen die Lohnhöhen respektive Lohnstückkosten die geringste Rolle in den Motiven von Unternehmen, im Ausland zu investieren: 95 v.H. der Herkunftsländer und 75 v.H. der Zielländer von Auslandsinvestitionen sind entwickelte Industrieländer (OECD-Raum) und nicht die "Niedriglohnländer". Und: über ein Drittel des weltweiten Direktinvestitionenbestandes entfällt auf intraregionale Direktinvestitionen; regional sind die Auslandsinvestitionen also ähnlich dem Welthandel auf die Länder der Triade konzentriert. Abgesehen davon, daß z.B. die deutschen Auslandsinvestitionen zum großen Teil Übernahmen bestehender Unternehmen sind – also keine Arbeitsplätze "exportieren" –, sind die Hauptmotive solcher Auslandsinvestitionen Motive der Marktsicherung und Markterweiterung. Hinzu kommt die zeitweise stark aufgewertete DM als Anreiz für Auslandsinvestitionen, während der Mangel an ausländischen Investitionen in Deutschland auf die für unkundige Ausländer oft schwierigen Zugangsbedingungen des deutschen Unternehmens- und Finanzsektors zurückzuführen ist.

Die relativ niedrigen deutschen Lohnstückkosten und den ebenfalls nicht in der europäischen Spitze zu verortenden Sozialstaatsanteil am BIP (vgl. dazu die Arbeiten von Jens Alber) als Ursache für das Investitionsverhalten heranzuziehen, stellt dagegen den Zusammenhang auf den Kopf: die Länder mit den relativ höchsten Reallöhnen und Sozialstaatsausgaben sind zugleich die Länder mit den höchsten Arbeitsproduktivitäten und (deshalb) relativ niedrigen Lohnstückkosten – und dies bedingt einander. Auch die These von der Notwendigkeit der Ausdifferenzierung der Löhne nach unten zum Zwecke der Beschäftigung von Niedrigqualifizierten trägt nur wenig: Wie Ganßmann/Haas gezeigt haben, greift diese These bei einem Vergleich zwischen typischen europäischen Ländern mit hoher Regulierung und relativ geringen Lohnspreizungen nur dann, wenn man Deutschland mit den USA konfrontiert, während bei einem Vergleich der

"Nichtbeschäftigtenquoten" von Niedrigqualifizierten zwischen dem "hochregulierten" Frankreich und den USA die USA weit hinter Frankreich liegen. Überhaupt stützen die bereinigten Arbeitsmarktentwicklungen keineswegs die Unterscheidung zwischen einerseits erfolgreichen flexiblen und andererseits wenig erfolgreichen "sklerotischen" Arbeitsmärkten; im Durchschnitt der 80er und der frühen 90er Jahre ist die Arbeitslosigkeit in den USA und auch in Großbritannien höher als in den Referenzländern des "rheinischen Kapitalismus" (besonders Deutschland) und den Ländern Skandinaviens – letztere mit den höchsten Sozialstaatsquoten und dementsprechenden Regulierungsniveaus.

3.   Die Entwicklung der internationalen Finanzmärkte

Eine neue Qualität im Sinne einer "Globalisierungsthese" weist zweifellos die Entwicklung auf den Finanzmärkten auf. Mit der Herausbildung von Eurodollarmärkten im Zuge der US-Verschuldung durch den Vietnam-Krieg und mit dem Zusammenbruch des Weltwährungssystems von Bretton Woods, mit der darauf folgenden Flexibilisierung der Wechselkurse, mit der Weltschuldenkrise der 80er Jahre und mit der Entwicklung von *Offshore-* Bankzentren haben sich mit zunehmender Staatsverschuldung enorme, frei flottierende Finanz- und Spekulationsmassen gebildet, die zu exorbitant hohen Finanzumsätzen geführt haben (und zu einem "Derivatenkapitalismus" ausgebaut wurden). Dadurch wiederum hat sich die Höhe der internationalen Renditen im Finanzanlagen- und Spekulationsbereich gegenüber den Profitraten der jeweils nationalen Produktion relativ verselbständigen können. Die politisch gewollte Deregulierung der Geldmärkte führte zu hohen Zinselastizitäten, hohen Geldschöpfungsmultiplikatoren und zur Entwicklung privat betriebener Zahlungsverkehrssysteme; all dies führte wiederum zu hohen und gegenüber dem Produktionsprozeß relativ autonomen Renditen (zu schnellen Gewinnen, aber auch entsprechenden Verlusten) im Bereich der Finanzinvestitionen und damit zu einem Ausbau der Finanzinvestitionen zuungunsten der produktiven Investitionen (das Verhältnis von Finanztransaktionen zum Bruttoinlandsprodukt stieg weltweit von 1971 = 15: 1 auf 1980 = 30: 1 und auf 1990 = 78: 1, das Devisenumsatzvolumen ist aktuell um das 50fache höher als das des Weltexports; täglich werden brutto 1400 Mrd.US - Dollar transaktioniert, davon 85 v.H. kurzfristige *hot money*. Diese Entwicklung führt wiederum zu einer Verschärfung des dem Bankensystem innewohnenden Risikos, da jetzt bei einzelnen Akteuren eine Kumulation von Risiken möglich wird und die Spekulationsrenditen überdurchschnittliche Gewinne verheißen, die den Anreiz für realwirtschaftliche Investitionen vermindern. Eine wachsende Instabilität der weltweiten Geld- und Gütermärkte und der realwirtschaftlichen Investitionsquoten werden so durch die Dominanz dieses "Casinokapitalismus" (Susan Strange) wahrscheinlich, weil sich die "exit"-Optionen der Anleger – die Möglichkeit, aus dem produktiven Bereich der Kapitalanlagen herauszugehen - vervielfachen. Der seit Mitte der 70er Jahre in der EU konstatierbare Einbruch der Investitionsquote ist auf die Wahrnehmung dieser exit-Optionen wesentlich mit zurückzuführen.

Allerdings muß gegenüber der vielfach aus den o.a. Zusammenhängen abgeleiteten These, daß das Investitionsverhalten durch eine internationale Zinsrate bestimmt sei, einschränkend vermerkt werden, daß eine einheitliche internationale Zinsrate noch nicht existiert und empirisch ein signifikanter Trend zugunsten eines international ausgerichteten Investitionsverhaltens nicht eindeutig nachweisbar ist, wie die 1980 veröffentlichte Analyse von Feldstein/Horioka und die seitdem laufende wissenschaftliche Diskussion ergeben hat: Demnach richtet sich das nationale Investitionsverhalten in den Industrieländern immer noch vorrangig an den nationalen Sparquoten aus. Und auch die Rolle von Finanzprodukten, die vor allem auf lokalen Märkten angeboten werden, wird in der Diskussion oft übersehen: Viele "Finanzprodukte" die gehandelt werden, sind an lokale Märkte mit den notwendigen Zugangsinformationen gebunden und stehen somit gar nicht auf dem internationalen Markt zur Verfügung. Und die horrenden Spekulationsbeträge, die in der Literatur die These der Abkoppelung des monetären vom realen Sektor belegen sollen, reduzieren sich – weil Bruttozahlen – bei genauerer Gewinn-Verlust-Rechnung und Netto-Betrachtung auf sehr viel kleinere Risikokonstellationen. Vor allem aber produzieren wachsende Unsicherheiten bei den Akteuren auch Strategien der Absicherung – etwa durch Anlage von Sicherungsfonds bei den Banken.

Die sich dramatisch entwickelnden Finanzmärkte haben allerdings nicht nur Auswirkungen auf das Investitionsverhalten, sondern bewirken auch einschneidende Veränderungen in den Unternehmenskulturen: Entscheidend für die sich andeutenden dramatischen Änderungen in der Unternehmenskultur in den Ländern des "rheinischen Kapitalismus" (M. Albert) in Europa (Bundesrepublik, BeNeLux-Staaten, Frankreich, Norditalien) ist der Trend, daß immer mehr Unternehmen sich das notwendige Kapital durch den Gang zur Börse beschaffen, anstatt Kapitalkredite aufzunehmen und Zinsen zu bedienen. Dadurch sind sie in ihrer Unternehmenspolitik immer mehr mit den kurzfristigen Interessen und Kalkülen der Aktionäre (der *shareholder*) konfrontiert. Dies ist vor allem ein internationaler Prozeß, der sich darin ausdrückt, daß die Relation von grenzüberschreitendem Handel mit Aktien und Anleihen zum Bruttoinlandsprodukt von 1975: 5,1 v.H. auf 1993: 169,6 v.H. anstieg. Der schnell zunehmende, sogenannte "Verbriefungsprozeß" hat von 1980 bis 1993 zu einer Versechsfachung der Anleiheemissionen geführt und geht mit einer wachsenden Bedeutung der internationalen Investitionsfonds für die Ökonomie einher. Zusammen mit dem sich durch die Deregulierung der internationalen Märkte intensivierenden Wettbewerb auf Gütermärkten bewirkt dies eine "Verbetriebswirtschaftlichung" der sozialen Beziehungen in den Unternehmen und eine betriebspolitische Dominanz der kurzen Frist und der variablen Kosten. Deren variabelster Teil sind aber eben die *Lohn*kosten. Dies hat in den Ländern des eher mittelfristig und kooperativ orientierten Typus des "rheinischen Kapitalismus" eine z.T. dramatische Veränderung der Unternehmenskulturen zur Folge, die sich immer mehr an den kurzfristigen Dividenden - Interessen der Anteilseigner orientieren - *shareholder-value capitalism.*

4. Die Internationalisierung von produktiven Netzwerken

Die in den 60er und 70er Jahren rapide gesunkenen Transport- und Konmmunikationskosten in Verbindung mit den neuen Kommunikationstechnologien haben die Möglichkeiten für eine weltweit vernetzte Produktion eröffnet. Besonders die Transnationalen Konzerne (TNKs) können jetzt im Zuge der Strategien von *lean production* und von "neuen Produktionskonzepten" mit Hilfe der modernen Informations- und Kommunikationstechniken eine Politik der grenzüberschreitenden "externen Flexibilisierung" ihrer Produktion auf einer neuen Stufe umsetzen. Der grenzüberschreitende *intra-firm* und *intra-industry* - Handel hat auf diesem Hintergrund in den 80er Jahren und danach stark zugenommen, auch wenn hier erhebliche Unterschiede zwischen den westeuropäischen Ländern (mit hohen Vernetzungsanteilen) und den USA und Japan (mit relativ niedrigen Anteilen) bestehen. Dadurch wird es insbesondere den TNKs möglich, unterschiedliche Produktivitäts-, Qualifikations- und Lohnkostenressourcen in den unterschiedlichen Ländern durch Auslagerungen und *intra-firm* - Vernetzungen zu mobilisieren - bezeichnenderweise aber nicht im Weltmaßstab, sondern konzentriert auf die westeuropäischen bzw. US-amerikanischen produktiven Zentren! In diesem Zusammenhang können dann auch besonders arbeits- bzw. lohnintensive Fertigungsbereiche in Länder ausgelagert bzw. Vorprodukte aus Ländern bezogen werden (*global sourcing*), in denen einerseits die geforderte Qualifikation vorhanden ist, in denen auf der anderen Seite zugleich die Lohnkosten niedrig sind (als Beispiel mag der inzwischen berühmt gewordene indische Ingenieur dienen, der via Internet Blaupausenarbeiten in seinem Heimatland für Konzerne in Europa ausführt). Die Verbindung von Internationalisierung der Ökonomie und den Möglichkeiten der Kommunikations- und Informationstechnologien haben hier bewirkt, daß Teilarbeitsmärkte international über weite Räume geöffnet und daß so soziale Schließungsprozesse seitens nationaler Gewerkschaften unterlaufen werden können.

Unternehmen können sich also - soweit sie solche Strategien verfolgen - den nationalen Arbeitsmärkten und Sozialsystemen entziehen, was für die in der Zeit der Nachkriegsprosperität entwickelten nationalen Reproduktionsstrukturen erhebliche Konsequenzen haben kann. Denn jetzt können die nationalen, auf die Erwerbsarbeit bezogenen tarif – und sozialpolitischen Regelwerke unter Druck geraten, da die von den Strategien des *global sourcing* besonders betroffenen kleinen und mittleren Betriebe der jeweiligen Region, die bis dahin indirekt am Weltmarkterfolg der großen Unternehmen beteiligt waren, oft sehr arbeits- resp. lohnintensiv produzieren. Sie tragen damit die Hauptlast der Lohnnebenkosten (mit denen die sozialen Sicherungssysteme finanziert werden) und des Steueraufkommens (die Lohnsteuern machen den größten Anteil des Steueraufkommens aus). Zugleich sind es diese Betriebe, die z.B. im deutschen System den größten Anteil an der Ausbildung von Facharbeit haben. Diese Spaltung zwischen großen und kleinen/mittleren Unternehmen wird durch eine Wirtschaftspolitik, die die produktiven, oft regional fixierten Bindungen nicht stärkt, sondern allein auf den Produktivitätserfolg der Großen setzt, systematisch befördert. Die hohe Produktivität in den Kernsektoren einer exportorientierten

Wirtschaft produziert jetzt - durch die Übernahme von *shareholder-value*-Attitüden durch das Management und die Deregulierungspolitik der Nationalstaaten verstärkt - zusätzliche Arbeitslosigkeit; die Produktivitätsentwicklung wird unter diesen Bedingungen nicht mehr Teil der *Lösung* des Problems (der Massenarbeitslosigkeit), sondern *Teil des Problems* selbst.

Zugleich muß aber betont werden, daß die hier beschriebenen Prozesse der "externen Flexibilisierung" immer noch an produktive regionale Zentren gebunden sind und daß die These, daß die modernen Unternehmen "ohne Nationalität" (so etwa Robert Reich) oder "standortlos" (so Altvater/Mahnkopf) seien, empirisch bisher kaum Belege findet. Das gilt selbst für die "Multis", die noch längst nicht den Status von "Transnationalen Konzernen" erreicht haben, wie dies Hirst/Thompson belegen können. Dies gilt allgemein für die Länder des "rheinischen Kapitalismus": Die hohe Produktivität der regionalen Standorte in diesen Ländern verhindert zumindest in absehbarer Zeit, daß jene Art des *global sourcing*, von der oben am Beispiel des qualifizierten indischen Ingenieurs die Rede war, sich als Massenphänomen durchsetzt. Denn in den entwickelten kapitalistischen Ökonomien gehört heute zu einem produktiven Produktionsort mehr als der Lohnkostenfaktor einer Berufssparte; dazu gehören vielmehr die genannten regionalen Netzwerke von Klein-, Mittel- und Großbetrieben, die universitären wissenschaftlichen Zentren, die im Ausbildungssystem produzierte hohe Produktionsintelligenz, eine ausgebaute Infrastruktur, der hohe Standard der Regulierung der Arbeit und der sozialen Sicherung und vor allem (noch) die hohe soziale und politische Stabilität. Die immer noch vorhandene produktive "Einbettung" der Unternehmen in solche ökonomischen und sozialen Netzwerke der Region verbietet es auch, dem Kapital jene unbegrenzte Mobilität zu unterstellen, wie dies in der "starken Globalisierungsthese" fast durchgängig geschieht. Aus den mit der Globalisierung einhergehenden Marktturbulenzen und Währungsinstabilitäten, aus dem Trend zu vernetzten Produktionen, komplexeren Produkten und kürzeren Innovationszyklen könnte sogar umgekehrt geschlossen werden, daß die Einbettung in ein Kontinuität versprechendes Netzwerk der Region für die Unternehmen eine wichtige Innovationsvoraussetzung im globalen Wettbewerb wird. Weil nämlich eine solche Einbettung produktive Potentiale und Erwartungssicherheiten versprechen, auf deren Basis erst das "Mitspielen" in einer globalisierten Konkurrenz möglich wird.

Diese These wird auch von Studien belegt, die die Möglichkeit von Globalisierungsstrategien differenziert danach beurteilen, inwieweit die jeweils von großen "Schlüsselunternehmen" gewählten *bargaining-* und "Kontrollstrategien" im Verhältnis zu den Zulieferern, den Arbeitnehmern und Gewerkschaften, dem Handel, den Finanziers und den Regierungen einen solchen Internationalisierungspfad überhaupt zulassen. Nach Ruigrok/van Tulder kann man jedenfalls keineswegs von einer generellen Globalisierungsoption sprechen; diese kann vielmehr aufgrund der einmal gewählten "Internationalisierungspfade" und des damit verbundenen hohen Risikos eines Wechsels nur von bestimmten Schlüsselunternehmen mit sogenanntem "mikrofordistischen" Zuschnitt ungebrochen praktiziert werden, während andere Unternehmenskonzepte sich u.a. in Exportpolitiken, in "Glokalisierungsoptionen" (global plus lokal) oder in international verlängerten Werkbänken erschöpfen. Für alle bleibt jedoch die Globalisierungsoption als *Droh*potential im Inland, was sich aber dann auch gegen ihre Urheber richten kann, wenn dadurch erfolgreiche *bargaining*-Konzepte unterminiert werden und ein Mehr von Unsicherheit produziert wird.

5. Der Staat als nationaler Wettbewerbsstaat

Mit der dargestellten Internationalisierung des Geldkapitals und mit den internationalen Anlagestrategien der *global players* (z.B. der Transnationalen Konzerne - TNKs) werden die *Staaten* und regionalen Staatenbünde (z.B. die EU) immer mehr zu *Wettbewerbern* um dieses Kapital, versuchen ihre Währung als Geldanlagesphäre möglichst hart zu halten und die Staatshaushalte - zusätzlich unter dem Druck hoher Zinsen auf Staatsschuldtitel - einzuschränken, zu sparen. Der einzelne Nationalstaat (und dessen demokratische Verfaßtheit), der zuvor die äußeren Bedingungen des Marktes gesetzt und reguliert hat, droht jetzt zum Spielball internationaler Spekulation zu werden, droht seine Autonomie im internationalen "Casinokapitalismus" zu verlieren - zumal dann, wenn die Politik aus diesem Konkurrenzdruck den fatalen Schluß zieht, die neuen Wettbewerbsbedingungen international nicht regulieren zu müssen, sondern im Zuge einer Deregulierungspolitik sich diesem Druck verstärkt aussetzt und versucht, seine Standort-, sprich: Kostenfaktoren gemäß diesen Wettbewerbsbedingungen zu verbessern.

Die Deregulierungspolitik der einzelnen Nationalstaaten und Staatenbünde seit Mitte der 70er Jahre ist paradoxerweise sogar eine entscheidende Voraussetzung für jene Globalisierungsprozesse gewesen, die jetzt die Autonomie der Politik auszuhebeln drohen. Das Bemühen der nationalen Regierungen wiederum, auf die selbst freigesetzten Globalisierungstendenzen zu antworten, ergibt - ganz "Zauberlehrlinge" - eine neue Form der Internationalisierung der Wirtschaftspolitik: die Internationalisierung des o.a. ruinösen Kostensenkungswettlaufs der nationalen Wirtschaftspolitiken nach unten. Es ist dies ein Nullsummenspiel, das dazu tendiert, in einem Negativsummenspiel zu enden, in dem zum Schluß alle Beteiligten ihre produktiven Ressourcen (Infrastruktur, Qualifikation, soziale und politische Stabilität) geopfert haben, um dann vor ökonomischen, sozialen und ökologischen Wüsten mit leeren Händen bzw. leeren Kassen, aber vollen Gefängnissen dazustehen. Da mit den wachsenden "exit"-Optionen auf der Kapitalseite die "kooperative Disziplinierung des Kapitals" (W.Streeck) unterlaufen werden kann – eine Kooperation, die ja im Unterschied zu fordistischen Produktionsmodellen in flexiblen Produktionskonzepten auch nicht mehr im bisher gekannten Maße erforderlich ist –, droht die Aufkündigung des sozialstaatlichen Kompromisses und die Fähigkeit der staatlichen und zivilgesellschaftlichen Regelsysteme zur Umverteilung nimmt ab. Dennoch kann nicht unbedingt von einem Verlust *der* Nationalstaatlichkeit gesprochen werden, denn - wie Saskia Sassen betont - auch die Deregulierungspolitik ist paradoxerweise an Nationalstaaten gebunden (erhöht sogar den Spielraum von nationalen Regierungen, Umverteilungsansprüche mit dem Hinweis auf Weltmarktzwänge zurückweisen zu können) und die Tauschakte auf den Weltmärkten müssen sich auf nationale Rechtssysteme oder Abkommen zwischen den Nationalstaaten rückbeziehen lassen, wenn sie gültig sein sollen.

6. Reembedding *als politische Aufgabe*

Die dem "Gobalisierungskomplex" (K. Hübner) inhärente und gegenüber der Nachkriegsprosperität dramatisch veränderte gesellschaftliche Akteurskonstellation kann darin zusammengefaßt werden, daß durch die Öffnung von neuen, erweiterten Austrittsmöglichkeiten ("exit" – Optionen) gegenüber der nationalstaatlichen Politik den sozialstaatlichen und industriellen Systemen der Kapitalseite ein bis dahin unbekanntes *Drohpotential* zugewachsen ist. Dabei ist es die *"Wirklichkeit der Möglichkeit"* (U. Beck) eines Austritts aus dem sozialstaatlichen oder auch umweltpolitisch geregelten "Spiel", die zählt. Mit zwei wichtigen Einschränkungen: *Nicht alle Akteure können gleichermaßen diese Möglichkeit in Anspruch nehmen und nicht alle Akteure, die sie in Anspruch nehmen könnten, nutzen sie auch.* Und diejenigen, die sie exzessiv nutzen, können auch mit hohen Opportunitätskosten in Form von Erwartungsunsicherheiten und Folgekosten konfrontiert sein – und dies in einer Welt, die durch eben den Globalisierungsprozeß zunehmend unsicher wird. Der Grund für die veränderten Akteurskonstellationen liegt im erhöhten Bewegungsspielraum des Kapitals, der wiederum eine wachsende Instabilität ökonomischer Prozesse zur Folge hat. Prozesse wachsender Instabilität und Unsicherheit produzieren aber auf Seiten von gesellschaftlichen Akteuren notwendigerweise auch politische und ökonomische Strategien, die mehr Sicherheit in der Unsicherheit verheißen. Insgesamt eröffnen sich damit Chancen für eine politische Intervention im Sinne der Gestaltung (*governance*) des Globalisierungsprozesses.

Historisch können z.B. Prozesse der "Entbettung" *(disembedding)* der Ökonomie (K. Polanyi) nicht absolut gesetzt werden; solche Entbettungsprozesse waren historisch immer auch zugleich Prozesse, die eine nachfolgende Wieder-Einbettung erzwungen haben: Die Durchsetzung der konkurrenzhaft vermittelten Eigentümergesellschaft der frühen bürgerlichen Gesellschaft provozierte z.B. jene "Herrschaft des Gesetzes", die schon frühzeitig von Thomas Hobbes im *"Leviathan"* als Prozeß der "Einbettung" der freigesetzten Marktkonkurrenten beschrieben wird; eine "Einbettung", die in der Entwicklung der bürgerlichen Gesellschaft durch Ergebnisse sozialer Konflikte und deren Festschreibung in Arbeits- und Sozialgesetzen immer weiter ausgestaltet wurde. Diese Notwendigkeit gilt in gleicher Weise für die global entfesselten Märkte. Die Hoffnung der Marktökonomen, globale Märkte würden endlich Effizienz-Imperativen und Wettbewerb zu ihrem Recht kommen lassen und mit allgemeinen positiven Wohlstandseffekten einhergehen, verdrängt die banale – u.a. von W. K. Kapp wissenschaftlich begründete – Erkenntnis, daß einzelwirtschaftliche Systeme mit Notwendigkeit soziale und ökologische Kosten, die nicht unmittelbar zu Produktivitätssteigerung beitragen, "externalisieren", wenn sie nicht durch

Regulierungen (Prozesse des *embedding*) daran gehindert werden. Die Summe der Effizienz-Gewinne kann sich dann gesellschaftlich oder global – erinnert sei an die ökologische Dimension – zur Krise oder gar zur Katastrophe verkehren - und dies ist nicht eine apokalyptische Horrorvision, sondern mittlerweile eine naturwissenschaftlich erforschte Perspektive.

Eine politische Antwort auf die hier beschriebenen ambivalenten Globalisierungsprozesse müßte daher ökonomische und politische "Wieder-Einbettungs" - Strategien von Akteuren aufgreifen, unterstützen und vorantreiben, und zwar auf den verschiedenen Ebenen, auf denen Globalisierungsprozesse wirken: auf der Ebene der Region, der Nation, der regionalen Staatenbünde und auf der internationalen Ebene. Daher kann eine "Wieder-Einbettung" *(re-embedding)* durch Regulierung der sich dynamisch verselbständigenden internationalen Handlungsoptionen der ökonomischen und politischen Akteure als ein Ansatzpunkt und Ziel von Politik benannt werden. Eine solche internationale "Wieder-Einbettung" in Form der Regulierung wird z.Zt. nicht zuletzt dadurch erschwert, daß ein "Staat" als Regulationsinstanz auf dem Weltmarkt und damit die "Hobbes'sche Lösungsform" nicht zur Verfügung steht und wohl auch - als "Weltstaat" - gar nicht unbedingt wünschenswert ist. Entscheidende Akteursebenen jenseits der Nationalstaaten sind daher Verhandlungssysteme, die zwar nicht einer direkten demokratischen Legitimation offen stehen, die aber eine eigenständige Legitimation auf Basis von Vetorechten beanspruchen können (F.W.Scharpf). Und damit sind gemeint: *erstens* regionale Vereinbarungen zwischen bestehenden Staaten und innerhalb von Staatenbünden bzw. Wirtschaftsgemeinschaften (EU, Nafta, Mercosur), *zweitens* Verhandlungen im Rahmen internationaler Organisationen (WTO, ILO/OECD, IMF etc.) und *drittens* internationale ad-hoc-Vereinbarungen (Rio, Montreal), die allerdings einzelnen Staaten ("Dritten") immer noch *freerider*- Optionen als Möglichkeit belassen. Zugleich sind diese hier angesprochenen Ebenen des Handelns gerade für Organisationen, die - wie Gewerkschaften - noch (und mit guten Gründen) den nationalen Politikarenen und Märkten verhaftet sind, nur schwer zugänglich und dies auch oft nur um den Preis, die Interessen ihrer Mitglieder nur noch schwer mit den Politikinhalten auf diesen scheinbar abgehobenen Ebenen vermitteln zu können. Nicht zufällig sind es daher Nicht-Regierungs-Organisationen (NGOs), die auf diesen Ebenen sehr aktiv sind und über ad-hoc Kontrakte unter Zurhilfenahme des eigenen Drohpotentials (z.B. der Konsumentenmacht im ökologischen Diskurs) sich als erstaunlich durchsetzungsfähig erweisen. Soziale und ökologische Mindeststandards als ein Inhalt der internationalen Regulierung könnten so einerseits Ergebnisse internationaler Verhandlungen sein, aber auch Ergebnis der Auseinandersetzung der NGOs mit den Transnationalen Konzernen, die dann in *Codes of Conduct* (Verhaltensrichtlinien) auf der Konzernebene verankert werden.

Daß solcherart Regulierungen den neuen Strukturen auf den Weltmärkten und der Modernisierung der nationalen Ökonomie gerecht werden müssen und sich nicht einfach in der Verteidigung überkommener inflexibler Produktivitätstypen erschöpfen dürfen, liegt auf der Hand. Und auch der nationalstaatlichen

Wirtschaftspolitik werden dann in Form einer sozialen Infrastrukturpolitik neue Spielräume eröffnet ("Angebotspolitik von links"). Der "freie Markt" aber wird eine solche reflexive Regulierung, die Marktwirtschaft mit sozialen und ökologischen Perspektiven verknüpfen könnte, nicht bringen. Denn entfesselte, freie Märkte ohne Regulierung ergeben am Ende keine moderne *Markt*wirtschaft, sondern *Mafia*wirtschaft. Eine wenig beruhigende Perspektive.

Literatur

Alber, Jens, Der deutsche Sozialstaat im Lichte international vergleichender Daten, in: Leviathan Nr. 2/1998.

Altvater, Elmar; Mahnkopf, Birgit, Grenzen der Globalisierung – Ökonomie, Ökologie und Politik in der Weltgesellschaft, Münster 1996 (4. Auflage: 1999).

Beck, Ulrich (Hrsg.), Politik der Globalisierung, Frankfurt/Mn 1998.

Ganßmann, Heiner; Haas, Michael, Arbeitsmärkte im Vergleich, Deutschland, Japan, USA, Marburg 1999.

Hirsch, Joachim, Der nationale Wettbewerbsstaat, Staat, Demokratie und Politik im globalen Kapitalismus, Berlin – Amsterdam 1995 (2. Auflage: 1996).

Hirst, Paul; Thompson, Grahame, Globalization in Question, Cambridge (Polity Press) 1996 (3rd edition 1997).

Hübner, Kurt, Der Globalisierungskomplex, Grenzenlose Ökonomie – grenzenlose Politik? Berlin 1998.

Kapp, K. William, The Social Costs of Private Enterprise, Cambridge(Mass.) (Harvared University Press) 1950; deutsch: Volkswirtschaftliche Kosten der Privatwirtschaft, Tübingen-Zürich 1958.

Polanyi, Karl, The Great Transformation, Frankfurt/M 1978.

Ruigrok, Winfried; Van Tulder, Rob, The Logic of International Restructuring, London (Routledge) 1995.

Streeck, Wolfgang, Internationale Wirtschaft, nationale Demokratie – Herausforderungen für die Demokratietheorie, Frankfurt/M – New York 1998.

Zürn, Michael, Regieren jenseits des Nationalstaats, Frankfurt/M 1998.

Jürgen Hoffmann, geboren 1944, Diplom-Politologe, Dr. rer pol., Professor für politische Soziologie an der Hochschule für Wirtschaft und Politik in Hamburg. 1965 - 1970 Studium der Politischen Wissenschaft in Berlin. 1978 Promotion FU Berlin, 1981 Habilitation an der Universität Hannover. Professor an der Hochschule für Wirtschaft und Politik (HWP) Hamburg. Wissenschaftlicher Berater des Europäischen Gewerkschaftsinstituts (ETUI - EGI - ISE) Brüssel.

Mitglied im Forschungsfeld "Globalisierung und ökologischer Diskurs" an der HWP.
Zahlreiche Aufsätze und diverse Buchveröffentlichungen zur Politischen Ökonomie der Bundesrepublik, zur Gewerkschaftsentwicklung/-politik, zur Krisentheorie/-analyse, zur Staatstheorie und -analyse, zum Verhältnis von Gesellschaft, Politik und Ökologie, zur Gesellschaftsgeschichte. Zuletzt erschienen: Politisches Handeln und gesellschaftliche Struktur - Grundzüge der deutschen Gesellschaftsgeschichte (1996).

Stephen J. Silvia

Globalisierung und der Anstieg der Unterschiede in der Einkommenverteilung in den USA

Einführung

Es ist allgemein bekannt, daß die US-Volkswirtschaft derzeit in einer guten Verfassung ist. In den letzten Jahren war die Arbeitslosenquote ziemlich niedrig (zwischen 4,4% und 4,2%) und das Wirtschaftswachstum sehr kräftig (jährliche Veränderungen des Buttoinlandsprodukts [BIP] zwischen real 3,4% und 3,9%). Aber die US-Volkswirtschaft ist nicht ohne Makel.

Erstens ist die U.S.-Leistungsbilanz seit 1991 stark gesunken. Im Jahre 1991 war sie nur minus vier Milliarden Dollar (-0,07% des BIP), hingegen ist die vorläufige Einschätzung der Leistungsbilanz für das Jahr 1998 minus 230 Milliarden Dollar (-2.7 % des BIP). Zwar bleibt die Leistungsbilanz von 1998 noch hinter dem Spitzenwert von 3,6 % des BIP aus dem Jahre 1987, aber in jeweiligen Preisen gerechnet ist sie ein Rekord. Schon hat dieser negative Außenhandelstrend erneut protektionistische Forderungen im U.S.-Kongreß ausgelöst.

Zweitens ist der Produktivitätszuwachs in den USA zwischen 1973 und 1995 jährlich nur um etwa ein Prozent gestiegen. Das ist im Vergleich zu den anderen OECD-Ländern ein sehr schwaches Ergebnis. In den letzten drei Jahren gab es jedoch eine Verdoppelung des Produktivitätszuwachses. Aber historisch betrachtet ist diese Beschleunigung noch schwach. Und außerdem ist es zu früh, um mit Sicherheit zu sagen, ob wir eine Wende bei den Produktivitätsdaten oder nur ein konjunkturelles Ereignis erleben.

Im Zentrum dieses Beitrags steht das dritte Problem der ansonsten hervorragenden U.S.-Volkswirtschaft: Die zunehmende Spreizung der Einkommensverteilung. Seit etwa zwanzig Jahren nehmen die Unterschiede in der Einkommensverteilung der USA drastisch zu. Zwischen 1979 und 1996 sank der Reallohn des ersten Zehntels der Erwerbstätigen um fast zwanzig Prozent. Zwischen 1978 und 1996 sank der Reallohn der mittleren Einkommen um sieben Prozent. Seit 1981 haben nur die Spitzenverdiener einen Reallohnzuwachs erreicht. Das heißt, die Spreizung zwischen dem ersten und zehnten Zehntel der U.S.-Erwerbstätigen ist seit circa 1980 um etwa dreißig Prozent gestiegen. Zwar gibt es seit kurzem eine Wende bei der Einkommensentwicklung, die alle Gruppen betrifft, aber die Schere zwischen arm und reich bleibt etwa genau so groß wie vor fünf Jahren. Dieser Aufsatz untersucht die Ursachen der Lohnspreizung in den USA.

Eine immer häufiger im U.S.-Kongreß und in den Medien zu hörende Erklärung für die Zunahme der Einkommenslücke zwischen arm und reich ist die Globalisierung, also die größer und enger gewordene Verflechtung der nationalen Volkswirtschaften. Diese Erklärung ist auf den ersten Blick einleuchtend, weil die

Schwierigkeiten der U.S.-Leistungsbilanz, der steile Zuwachs von internationalen Kapitalströmen und die Einkommensspreizung zur gleichen Zeit (Anfang der 80er Jahre) eingesetzt haben. Eine Reihe neuer wirtschaftswissenschaftlicher Studien hat jedoch den Nachweis erbracht, daß die Ursachen für die Öffnung der Einkommensschere hauptsächlich in der Binnenwirtschaft der USA zu finden sind. Zwar hat die Globalisierung etwas zur Spreizung der Einkommensverteilung der USA beigetragen, aber die Hauptursache dieser Spreizung ist sie nicht.

Das Verhältnis zwischen Welthandel, Beschäftigung und Einkommensverteilung

Der Ausgangspunkt der Forschung über die Globalisierung in den USA vor zwanzig Jahren war die Debatte über die Auswirkungen des Außenhandels auf den Faktor Arbeit. Die Weltwirtschaftslehre der komparativen Vorteile betont, daß die Beteiligung am Welthandel den materiellen Zustand aller Nationen verbessert. Aber alle Ökonomen geben auch zu, daß Kosten und Nutzen der Welthandelsliberalisierung innerhalb der Bevölkerung eines Landes nicht gleichmäßig verteilt sind. Um die Nettoauswirkung der Erweiterung des Welthandels auf den Arbeitsmarkt aufzufangen, haben Arbeitsmarktexperten eine Reihe von sogenannten "Quantitätsstudien" unternommen.

Die wissenschaftliche Methode einer Quantitätsstudie ist relativ einfach. Es wird auf Branchenebene berechnet, wieviele Arbeitsplätze Importe kosten und Exporte schaffen. Man zählt danach die Branchendaten zusammen, um eine volkswirtschaftliche Einschätzung abgeben zu können. Zum Beispiel haben Robert Scott, Thea Lee und John Schmitt beim *Economic Policy Institute* in Washington eine solche Studie für mehr als zweihundert Branchen erstellt.[1] Sie behaupten, daß die Ausweitung des US-Handelsdefizits zwischen 1979 und 1994 etwa 2,4 Millionen Arbeitsplätze gekostet hat.

Es gibt jedoch zwei generelle Probleme mit Quantitätsstudien. Das erste Problem ist praktischer Art. Solch horrende Schätzungen von Millionen angeblich vernichteter Arbeitsplätze sind kaum glaubhaft, wenn man schon Vollbeschäftigung hat. Außerdem hat diese Art von Studien angesichts der hervorragenden Konjunktur in den USA keine Relevanz. Zweitens ist die theoretische Grundlage von Quantitätsstudien äußerst schwach. Es lassen sich nämlich keine einfachen Kausalbeziehungen herstellen. Es ist beispielsweise zu fragen, ob der Effekt der Importe mit einer Senkung der Zölle oder mit einem Schub in der Binnennachfrage beginnt? Letzteres hat überhaupt nichts mit Globalisierung zu tun. Außerdem übersehen die Quantitätsstudien die zentrale Rolle von internationalen Preisen in der Außenhandelstheorie. So hat sich etwa die Quantität des importierten Erdöls in den Jahren 1974 und 1979 kaum geändert, während die Auswirkungen von importiertem Erdöl auf die Leistungsbilanz und die Binnenwirtschaft aufgrund der großen Preisänderungen stark waren.

---
[1] Robert E. Scott/Thea Lee/John Schmitt, Trading away Good Jobs. An Examination of Employment and Wages in the U.S., 1979-94. Economic Policy Institute Briefing Paper, Washington (D.C.) 1997.

Wegen dieser Probleme haben Außenhandelsökonomen eine Reihe von "Preisstudien" angestellt, welche die Stolper-Samuelson-Theorie als Basis nutzten, um die Auswirkung von Änderungen der Außenhandelspreise auf die Löhne zu bestimmen. Die von den Ökonomen Wolfgang Stolper und Paul Samuelson in den 40er Jahren entwickelte Theorie behauptet, daß beim Abbau von Außenhandelshindernissen die im Binnenmarkt relativ reichlichen Faktoren relativ an Wert gewinnen.[2] Zum Beispiel führt der Abbau von Außenhandelshindernissen in Industrieländern zu einer relativ besseren Bewertung von Facharbeit und einer relativ schlechteren Bewertung von einfacher Arbeit.

Matthew Slaughters 1998 veröffentlichter Überblick von Preisstudien hat allerdings festgestellt, daß die Ergebnisse einer Reihe dieser Studien leider zweideutig sind, hauptsächlich aufgrund von Schwierigkeiten in der Bemessung internationaler Preise.[3] Sogar kritische Preisökonomen (etwa John Schmitt und Lawrence Michel) erkennen an, daß die größte anzunehmende Auswirkung der Erweiterung des Welthandels auf die Einkommensverteilung in den USA noch ziemlich klein ist – innerhalb von 25 Jahren etwa minus drei Prozent.[4] Diese Auswirkung ergibt weniger als 10 Prozent der gesamten Spreizung der Einkommenverteilung.

Die oben diskutierten Untersuchungen beweisen, daß die Globalisierung bestenfalls eine Ursache von untergeordneter Bedeutung für den Anstieg der Einkommenspreizung in den USA ist. Was aber ist der wirkliche Grund für den Anstieg?

Andere mögliche Ursachen der Spreizung der Einkommensverteilung in den USA

Zwar existiert neben der Globalisierung eine ganze Reihe von möglichen Faktoren, die theoretisch für die Einkommensspreizung verantwortlich sein könnten. Aber es gibt keinen einzig ausschlaggebenden Faktor. Wahrscheinliche Faktoren sind neue Technologien, Schwankungen im staatlichen Mindestlohn, Deregulierung, der Niedergang der Gewerkschaften und eine restriktive Geldpolitik.

Es ist wichtig festzustellen, daß die oben erwähnten übrigen Ursachen der Einkommensspreizung kaum von der Welthandels- und Weltfinanzpolitik beeinflußt sind. Das gelte für die US-amerikanische Geldpolitik, wie Alan Greenspan mehrmals vor dem U.S.-Kongreß sagte. Greenspan sagt, daß das

---

[2] Wolfgang Stolper/Paul Samuelson, Protection and Real Wages. Review of Economic Studies, 9 (1941), S. 58-73.

[3] Matthew Slaughter, What are the Results of Product-Price Studies and What can We learn from their Differences? National Bureau of Economic Research, Working Paper 6591, Cambridge/Massachusetts, 1998.

[4] John Schmitt/Lawrence Michels, Did International Trade Lower Less-Skilled Wages during the 1980s? Standard Trade Theory and Evidence. Economic Policy Institute Technical Paper. Washington (D.C.), 1996.

Federal Reserve System nur Geldpolitik für die USA betreibe, aber keine *de facto* "Weltnotenbank" sei. Die tatsächliche Binnenorientierung der Politik des *Federal Reserve Systems* bestätigt Greenspans Äußerungen. In den USA war Deregulierung hauptsächlich ein Binnenphänomen. Weltweit waren die USA in den meisten Fällen von Deregulierung der *first mover*.

Weitere mögliche Ursachen für die Einkommensspreizung sind theoretisch auch Kapitalwanderung und Einwanderung, aber empirisch haben die Studien von Borjas und DeFreitas bewiesen, dass es dafür kaum Belege gibt.[5]

Nun zu den weiteren möglichen Ursachen. Eine Mehrzahl von Wissenschaftlern (z.B. Paul Krugman, Robert Z. Lawrence und Robert Reich) behauptet, daß neue Technologien die Hauptursache für die zunehmende Einkommensspreizung sei.[6] Dabei lautet die These in Bezug auf die Auswirkung neuer Technologien auf den Arbeitsmarkt so: neue Technologien weiten die Einkommensverteilung aus, weil die Nachfrage für Arbeitnehmer mit einem Hochschulabschluß im Vergleich zu ungelernten oder angelernten Arbeitnehmern steigt.

Das eine Problem dieser Erklärung ist jedoch, daß die Verschlechterung der Einkommen in den niedrigen und mittleren Gruppen schon vor der großen Investionswelle in die neuen Technologien einsetzt, also vor 1984. Das andere Problem ist die niedrige Produktivität. Es ist schwer einzusehen, daß neue Technologien eine gute Erklärung für Einkommensspreizung sind, wenn die Produktitätswachstumsrate gleichbleibend schwach ist.

Im Punkt Mindestlohn korrelieren die Veränderungen des Realwerts des staatlichen Mindestlohns ziemlich genau mit dem Reallohn des untersten Zehntels der Erwerbstätigen, was keine Überraschung ist. Aber es gibt keinen Zusammenhang zwischen dem Mindestlohn und den mittleren und höheren Zehnteln. Also kann die Höhe des Mindestlohns nur ein kleiner Teil der Erklärung sein.

Was die Deregulierung anbelangt, verläuft das Timing mehr oder weniger parallel zur Öffnung der Einkommensschere (die Deregulierung hat ebenfalls Ende der siebziger/Anfang der achtziger Jahre begonnen). Trotzdem ist die Deregulierung als generelle Erklärung unzureichend. Die Politik der Deregulierung bezog sich auf die Bereiche Transport, Verkehr und Telekommunikation. Andere Bereichen waren davon nicht betroffen. Darüber hinaus haben fast alle Industrieländer ähnliche Deregulierungsprogramme ohne eine vergleichbare Verschlechterung der Einkommensverteilung durchgeführt.

---

[5] Vgl., George J. Borjas, The Economics of Immigration. Journal of Economic Literature, 32 (1994), S. 1667-1717; Gregory DeFreitas, Immigration, Inequality, and Policy Alternatives, in: Dean Baker/Gerald Epstein/Robert Pollin (Hrsg.), Globalization and Progressive Economic Policy, Cambridge, 1998.

[6] Paul R. Krugman/Robert Z. Lawrence, Trade, Jobs and Wages: Blaming Foreign Competition for U.S. Economic Ills is Ineffective. The Real Problems lie at Home. Scientific American (Apr 1994), S. 44-49; Robert Reich, The Work of Nations, New York, 1990.

Auch die Schwächung der U.S.-Gewerkschaften ist ähnlich wie die Deregulierung keine überzeugende Ursache für die größer werdende Einkommensspreizung. Der Organisationsgrad der Gerwerkschaften schrumpft schon seit Ende der fünfziger Jahre. Die sogenannten "Pattern"-Tarifverträge, das amerikanische Gegenstück zu Flächentarifverträgen, wurden Ende der siebziger/Anfang der achtziger Jahre aufgelöst. Die Auswirkungen dieses Zusammenbruchs waren in der Auto-, Stahl-, Glas- und Reifenindustrie sehr stark. Ansonsten waren diese Verträge im Industriebereich nie von Bedeutung. Außerdem zeigt ein Vergleich mit Kanada, wo der gewerkschaftliche Organisierungsgrad relativ hoch und stabil ist, daß ein Anstieg der Unterschiede in der Einkommensverteilung auch mit starken Gewerkschaften möglich ist.

In seinem neuen Buch behauptet der Ökonom John Galbraith, daß die Wende hin zu einer restriktiven, inflationsbekämpfenden Geldpolitik in den USA Ende der siebziger Jahren die Hauptursache für die Ausweitung der Einkommensunterschiede ist.[7] Als die Priorität Vollbeschäftigung aufgegeben und eine hohe Arbeitslosigkeit Anfang der achzigen Jahre toleriert wurde, haben die Arbeitnehmer ihre Verhandlungskraft verloren. Diese Erklärung trifft jedoch nur in Zeiten relativ hoher Arbeitslosigkeit zu. Seit circa 1995 ist dies nicht mehr der Fall. Vielleicht ist die Wende bei den Löhnen seit 1996 das Resultat der Vollbeschäftigung. Das wird abschließend noch zu klären sein. Die Geldpolitik des *Federal Reserve Systems* war schon seit dem Wall Street Crash 1987 und der Rezession von 1991-92 nicht mehr so restriktiv. Doch gerade in jenem Zeitraum war die Verschlechterung der Einkommensverteilung am stärksten. Galbraiths These und die Daten passen daher nicht zusammen.

Schlußfolgerung

Zum Schluß möchte ich die wichtigsten Punkte zusammenfassen. Erstens ist die Erweiterung des Welthandels nicht die Hauptursache für den Anstieg der Einkommensspreizung der USA. Sie ist höchstens ein Faktor zweiten Ranges. Zweitens gibt es keinen alleinigen Grund als Erklärung für diese Zunahme. Vielmehr gibt es mehrere Ursachen. Drittens sind die meisten Ursachen der Einkommensspreizung Binnenphänomene.

Globalisierung ist eher der Sündenbock als die Ursache der Vergrößerung der Einkommenslücke in den USA.

Dr. Stephen J. Silvia ist Professor für Wirtschaft und Arbeitsmarktpolitik an der American University in Washington, D.C. Der politischen Ökonomie und der Entwicklung des Arbeitsmarktes in den USA und Europa, insbesondere in Deutschland, gilt sein besonderes Forschungsinteresse. Dr. Silvia hat in Deutschland unter anderem an der Freien Universität in Berlin, am Wirtschafts- und Sozialwissenschaftlichen Institut des DGB in Düsseldorf, sowie am Institut

---

[7] John K. Galbraith, Created Unequal. The Crisis in American Pay, New York, 1998.

für Sozialforschung in Frankfurt gearbeitet. Sein Studium absolvierte er an der Yale University, der Cornell University sowie der London School of Economics.

Christoph Scherrer

Globalisierung:

Ein umstrittenes Projekt in den USA

DIE Frage „Wie reagieren Deutschland und die USA auf die Globalisierung der Märkte und der Produktion?" legt zum einen nahe, daß die Globalisierung ein natürlicher, unvermeidlicher Prozeß ist, auf den einzelne Nationen lediglich *re*agieren können. Zum anderen impliziert sie, daß die einzelnen Nationen jeweils geschlossen als Nation auftreten. Wenngleich es für kleinere Nationen zutreffen mag, daß sie die Globalisierung hinnehmen müssen, ist es gänzlich unangebracht, die USA als passiven Akteur gegenüber der Globalisierung darzustellen.

Die Regierung der USA war seit dem Zweiten Weltkrieg die entscheidende Kraft bei der Gründung und Ausgestaltung der für die Weltwirtschaft zentralen multilateralen Institutionen: Internationaler Währungsfonds (IWF), Weltbankgruppe, Allgemeines Zoll- und Handelsabkommen (GATT) und Organisation für wirtschaftliche Zusammenarbeit und Entwicklung (OECD). US-amerikanische Unternehmen dominierten in den ersten Nachkriegsjahrzehnten den internationalen Waren- und Kapitalverkehr. Seit den achtziger Jahren forciert die US-Regierung die Öffnung der Märkte anderer Nationen für ausländische Anbieter.

Zugleich waren die USA vergleichsweise kaum auf eine internationale Arbeitsteilung angewiesen. Die US-amerikanischen Unternehmen führten den industriell-technischen Fortschritt an, bezogen ihre Rohstoffe und vor allem ihren Energiebedarf aus dem heimischen Wirtschaftsraum und konnten aufgrund der Größe dieses Raumes sowie der Beteiligung der Lohnabhängigen an den Produktivitätsfortschritten (Stichwort: Fordismus) auch ohne Exporte maximale Skalenerträge erzielen. Bis zum Zweiten Weltkrieg war die US-amerikanische Außenwirtschaftspolitik entsprechend von der Ideologie des Wirtschaftsnationalismus geprägt, die in einer Hochzollpolitik für Industrieprodukte ihren Ausdruck fand. Seitdem leitete zwar das Freihandelsparadigma die zentralen Akteure der Außenwirtschaftspolitik an, doch die Bevölkerung stand der Öffnung des US-amerikanischen Marktes für ausländische Konkurrenz während der gesamten Nachkriegszeit mehrheitlich mit großer Skepsis, wenn nicht sogar ablehnend gegenüber. Die Mehrheit lehnte Liberalisierungsschritte durchgängig ab. In vielen Umfragen erreichte diese Mehrheit einen Umfang von mehr als 60 Prozent. Erst 1994 lag der Anteil der SchutzzollbefürworterInnen bei nur noch 48 Prozent (siehe Tabelle 1). Bei der für die neunziger Jahre entscheidenden Frage der Freihandelsabkommen stieg der

Anteil derer, die regionalen Freihandel ablehnten, jedoch auf über 50 Prozent an. Im November 1996 lehnten 57 Prozent der befragten Bevölkerung neue Handelsabkommen mit lateinamerikanischen Ländern ab (Umfrage von Wirthlin Worldwide für die Bank of Boston).

Mithin gehören zu den treibenden Kräften der Globalisierung amerikanische Unternehmen und die US-Regierung, allerdings ohne umfassende Zustimmung seitens der US-Bevölkerung. Wie die Globalisierung in den USA innenpolitisch durchgesetzt wurde, wird deshalb im folgenden näher beleuchtet. Dabei fasse ich die Ergebnisse einer umfangreichen Studie zusammen, die unter dem Titel *Globalisierung wider Willen? Die Durchsetzung liberaler Außenwirtschaftspolitik in den USA* demnächst erscheinen wird (Scherrer 1999). Im Anschluß soll an eine in den USA sehr kontrovers geführte Debatte über die Auswirkungen der Globalisierung insbesondere auf geringqualifizierte Arbeitskräfte eingegangen werden. In seinem Tagungsbeitrag vertrat Professor Silvia die These, daß die zunehmenden Einkommensungleichheit in den USA nur zu einem ganz geringen Teil der Globalisierung zugeschrieben werden kann. Hier soll hingegen die These belegt werden, daß die Öffnung der US-Wirtschaft zum Weltmarkt nicht ausschließlich, aber doch zu einem erheblichen Teil zur Zunahme der Einkommensunterschiede beitrug.

Weltmarkt als Projekt

Zu Kriegsende war die Wiederherstellung des Weltmarktes unter Öffnung des eigenen Marktes das zentrale Anliegen einer relativ kleinen Gruppe von Konzernmanagern, traditionell freihändlerisch gesinnten Politikern und Regierungsbeamten sowie von Wirtschaftsexperten. Nicht zuletzt dank ihrer Bemühungen, dieses Anliegen in ein Gesamtkonzept für die Nachkriegsordnung zu integrieren, wurde es am Ende des Zweiten Weltkrieges von den zentralen Funktionseliten aufgegriffen. Diese verbanden mit dem Weltmarktprojekt neben ihren jeweils spezifischen Erwartungen vor allem die Hoffnung, daß es die Stärkung der verbündeten Nationen und die Einbindung der Repräsentanten der Lohnabhängigen erlaube und somit zur Sicherung der kapitalistischen Eigentumsordnung beitrüge.

Viele der in das Projekt gesetzten Erwartungen trafen im Laufe der fünfziger Jahre ein und erleichterten seine politische und wirtschaftliche Verankerung. Die Wiederherstellung des Weltmarktes vermehrte zudem die Zahl derer, die unmittelbar vom Weltmarkt profitieren konnten. Die schrittweise reziproke Erleichterung grenzüberschreitender wirtschaftlicher Transaktionen geriet somit zum dominanten Paradigma der Außenwirtschaftspolitik. Allerdings traten ab Ende der fünfziger Jahre Widersprüche innerhalb des Projektes sowie mit anderen gesellschaftlichen Praxen auf, die immer wieder die weitere Liberalisierung der Außenwirtschaftspolitik gefährdeten.

Als erstes erwies sich das System fixer Wechselkurse immer weniger mit den weltpolitischen Ambitionen und dem Vollbeschäftigungsziel der USA vereinbar.

Die zunehmende Passivierung der Zahlungsbilanz stellte die Präsidenten Kennedy und Johnson vor die Wahl zwischen außenwirtschaftlicher Liberalisierung und binnenwirtschaftlichem Keynesianismus. Sie entschieden sich für beides, aber auf Kosten des bisher bestehenden freizügigen grenzüberschreitenden Kapitalverkehrs.

Solange die Kapitalverkehrskontrollen lediglich als vorübergehende Maßnahmen galten, akzeptierten die gesellschaftlichen Protagonisten des Freihandelsprojektes, insbesondere die New Yorker Finanzwelt, diese Einschränkungen ihrer Verfügungsgewalt und Gewinnchancen. Als jedoch immer mehr Unternehmen bei ihren grenzüberschreitenden Aktivitäten unter staatliche Aufsicht gestellt wurden, begann die Suche nach Wegen, wie freier Handel und freier Kapitalverkehr zu vereinbaren seien. Als Ausweg bot sich der Übergang zu einem Regime flexibler Wechselkurse an.

Die Ablehnung von Kapitalverkehrskontrollen markiert eine Verschiebung des Interesses am Weltmarkt. Vereinte vormals der Antikommunismus die Freihandelskoalition, wobei der Weltmarkt zur Einbindung sowohl der verbündeten Nationen als auch der eigenen lohnabhängigen Bevölkerung in eine fordistische Produktionskoalition dienen sollte, geriet zunehmend das Interesse, den Weltmarkt zur Zurückweisung der von den Lohnabhängigen erhobenen Ansprüche zu nutzen, zum einigenden Band. Der Ausstieg der Gewerkschaften aus der Freihandelskoalition beschleunigte diese Interessenverschiebung. Der von diesen 1971 lancierte *Burke-Hartke*-Gesetzentwurf, der eine umfassende staatliche Regulierung transnationaler Unternehmen vorsah, brachte die binnenwirtschaftlichorientierten Unternehmen sowie die letzten protektionistischen Zeitungen ins Lager der Freihändler. *Burke-Hartke* ließ die Außenwirtschaftspolitik zu einer Klassenfrage werden.

Wie sehr die Zustimmung zum Freihandel von der Auseinandersetzung mit den Gewerkschaften geprägt wurde, verdeutlichte im Jahre 1982 die *domestic content* - Gesetzesinitiative der Automobilarbeitergewerkschaft. Diese sollte den heimischen Wertschöpfungsanteil für Kraftfahrzeuge vorschreiben. Während die Forderung nach freiwilligen Exportbeschränkungen kaum auf eine größere Opposition stießen, entstand eine relativ breite Front von Interessengruppen gegen den *domestic content*-Gesetzentwurf. Selbst die US-amerikanischen Autokonzerne gaben ihren Plänen für globale Zulieferstrukturen und der Freiheit, selbst Fahrzeuge importieren zu können, Priorität gegenüber dem Schutz ihrer Produktionsstandorte in den USA. Gleichfalls wurden industriepolitische Konzepte von der Geschäftswelt zurückgewiesen, solange diese noch die Partizipation der Gewerkschaften und anderer gesellschaftlicher Gruppen vorsahen. Gegenüber der Industriepolitik bevorzugte sie Maßnahmen, die keine staatliche Einschränkung unternehmerischer Entscheidungen beinhalteten. Sie akzeptierte Industriepolitik erst, als das Konzept von seinen partizipativen Elementen befreit war und zugleich weitere Liberalisierungsschritte als stark gefährdet angesehen wurden. Bei der Verabschiedung des nordamerikanischen Freihandelsabkommens NAFTA stand die Zustimmung der Eliten der Skepsis bzw. Ablehnung der Bevölkerung, besonders unter weniger qualifizierten Arbeitskräften, entgegen. Zuletzt scheiterte die Erneuerung des *fast track*-Verhandlungsmandates an der Frage der sozialen und ökologischen Konditionalisierung zukünftiger Handelsabkommen.

Das gemeinsame Interesse an der Verteidigung und dem Ausbau von Managementrechten reichte allerdings nicht immer zur Herstellung eines freihändlerischen Elitenkonsenses aus. Insbesondere die ersten Handelsbilanzdefizite zu Beginn der siebziger Jahre und die Rekorddefizite Mitte der achtziger Jahre ließen in der Geschäftswelt die Bereitschaft anwachsen, protektionistische Maßnahmen zu ergreifen. Diese protektionistischen Versuchungen konnten weitgehend währungspolitisch abgewehrt werden. Die Abwertung und anschließende Freigabe des US-Dollars halfen der Nixon-Regierung, den protektionistischen Druck aufzufangen, indem sie zum Abbau der Handelsbilanzdefizite beitrugen. Ebenso wirkte der währungspolitische Kurswechsel der Reagan-Regierung, wobei sich allerdings die Verringerung der Handelsbilanzdefizite zeitlich verzögerte, so daß diese zusätzlich aggressive Marktöffnungsstrategien versprach. Damit lenkte sie bzw. die freihändlerische Führung des Kongresses das Interesse der Verlierer im Internationalisierungsprozeß an einer Stärkung der US-Handelsgesetze in Richtung einer Kampagne der weltweiten Öffnung der Märkte um.

Die Betonung der diskursiven Herstellung des freihändlerischen Konsenses soll nicht zur Annahme verleiten, daß dieser rein voluntaristisch entstand. Der kapitalistischen Wirtschaftsordnung sind Internationalisierungstendenzen zu eigen. Die Allokation ökonomischer Ressourcen erfolgt in der reinen Marktwirtschaft über Preissignale, so daß nicht beispielsweise die Herkunft der jeweiligen Warenbesitzerin für die Kaufentscheidung ausschlaggebend ist, sondern das Preis-Leistungs-Verhältnis ihrer Waren im Vergleich zur Konkurrenz. Die Aussicht auf Profit und der Konkurrenzdruck schaffen Anreize, Unterschiede zwischen einzelnen Wirtschaftsräume auszunutzen, sei es durch das Angebot von Waren oder durch die Nachfrage nach Waren bzw. Arbeitskräften, die im eigenen Wirtschaftsraum entweder gar nicht oder nur zu höheren Preisen angeboten werden. Wie tief verankert die Praxis ist, auf Preissignale unter Absehung der Herkunft des Produktes zu reagieren, zeigte sich bei den vielen KonsumentInnen, die sich zwar in Umfragen gegen eine weitere Öffnung des heimischen Marktes aussprachen, aber dennoch ausländische Produkte kauften.

Die institutionelle Sicherung des Weltmarktzusammenhanges nach der Weltwirtschaftskrise und dem Zweiten Weltkrieg erlaubte diesen immanenten Internationalisierungstendenzen, sich zu entfalten. Je gesicherter die grenzüberschreitenden Transaktionen sind, um so stärker ausgeprägt ist der Anreiz, Differenzen zwischen den Wirtschaftsräumen auszunutzen. Während in den fünfziger Jahren die meisten US-Firmen dem Außenhandel und den internationalen Kapitalanlagemöglichkeiten wenig Beachtung schenkten, stieg das Interesse am Weltmarkt sukzessive mit dessen Stabilisierung und Ausweitung. Die expansive Dynamik des Weltmarktes bedeutete, daß Wirtschaftsunternehmen und hochqualifizierte Arbeitskräfte zunehmend von der Internationalisierung der Waren-, Kapital-, Technologie-, und Arbeitskräfteströme profitieren konnten. Der Erfolg des Weltmarktprojektes schuf die Basis seines weiteren Erfolges (allerdings auch die oben genannten Widersprüche). Vor allem kennzeichnet die Internationalisierung der Wirtschaftsaktivitäten eine gewisse Unumkehrbarkeit. Je höher der internationale Verflechtungsgrad ist, desto größer werden beim Versuch, den nationalen Wirtschaftsraum wieder abzuschotten, die Anpassungskosten ausfallen.

Die Irreversibilität der Internationalisierung wird weiterhin durch den Abschluß internationaler Verträge sichergestellt. Die Renationalisierung der Wirtschaftsaktivitäten verstößt gegen vertragliche Verpflichtungen bzw. bedeutet ein mühsames Neuverhandeln mit einer Vielzahl von Nationalstaaten. Allerdings, wie der Übergang zum Regime flexibler Wechselkurse zeigte, konnten sich zumindest die USA als weltwirtschaftlicher Hegemon ungestraft über Verträge hinwegsetzen.

Die Öffnung zum Weltmarkt war somit im Kern ein Projekt zur Absicherung der kapitalistischen Eigentumsordnung und der Eigentumsrechte, welches in der Phase, in der die kommunistische Herausforderung für bedrohlich gehalten wurde, in Form der fordistischen Produktionskoalition ein die lohnabhängige Bevölkerung einschließenden Charakter hatte. Als diese Bedrohung für weniger gefährlich gehalten wurde und der Weltmarkt so entwickelt war, daß er von vielen Unternehmen genutzt werden konnte, diente er zur Abwehr von Ansprüchen der Lohnabhängigen und anderer gesellschaftlicher Gruppen.

Senkt Globalisierung die Löhne geringqualifizierter Arbeitskräfte?

Auf dieser Tagung wurden Befürchtungen über "Sozialdumping" geäußert. Handel zwischen Wirtschaftsgebieten wird in der öffentlichen Meinung meist dann für problematisch gehalten, wenn sich die Gebiete stark voneinander unterscheiden, wie dies zwischen dem »Süden« und dem »Norden« der Fall ist. Für die meisten Ökonomen gilt jedoch, daß Handel besonders dann zur beiderseitigen Wohlstandsmehrung führt, wenn er zwischen ungleichen Wirtschaftsgebieten stattfindet. Diese These ist beim Handel mit Gütern, die jeweils spezifische klimatische oder geologische Bedingungen voraussetzen (z.B. Wein, Holz oder Mineralöl), unmittelbar einsichtig. Gemäß dem Theorem der komparativen Kosten entstehen wohlstandsmehrende Spezialisierungsgewinne auch dann, wenn der Handel eines Gutes nicht nur auf umweltbedingten absoluten Kostenvorteilen beruht, sondern allein auf den Kostenvorteilen bei der Produktion eines Gutes im Verhältnis zur Produktion von anderen Gütern im jeweils selben Land. Wenn beispielsweise ein Land alle nachgefragten Güter teurer produziert als das Ausland, könnte es dennoch zur beiderseitigen Wohlstandsmehrung kommen, wenn dieses Land sich auf die Güter spezialisiert, die es im Verhältnis zu allen anderen Gütern am kostengünstigsten herstellen kann, während das Ausland seinerseits sich auf die Güter spezialisiert, die es innerhalb seiner Grenzen am kostengünstigsten produziert. Für die Höhe der Produktionskosten gilt traditionell die jeweilige Faktorausstattung als ausschlaggebend. Je reichlicher die Ausstattung mit den Faktoren Land, Arbeit und Kapital, desto geringer werden die Kosten der Produktion ausfallen. Entsprechend wird ein Land das Gut exportieren können, bei dessen Produktion vor allem der relativ reichlich vorhandene Faktor zum Einsatz kam. Verfügt ein Land über relativ viel Boden und wenig Arbeitskräfte (wie z.B. Kanada), wird es Produkte mit hoher Boden- und geringer Arbeitsintensität (z.B. Weizen) ausführen. Im Verhältnis Nord-Süd wird, abgesehen von den Rohstoffen, die unterschiedliche Ausstattung mit Kapital und Arbeit als wesentlicher Grund für den Handel gesehen. Der Norden verfügt im Verhältnis zum Süden über mehr Kapital und weniger Arbeitskräfte. Entsprechend wird er kapitalintensive Güter in den Süden ausführen und arbeitsintensive Güter aus dem Süden einführen. Diese dem Theorem der komparativen Kosten entsprechende Arbeitsteilung, so die herrschende Meinung der Außenhandelstheoretiker, erhöht die Effizienz der Produktion und somit die Wohlfahrt aller Marktteilnehmer.

Wenngleich mit diesem Theorem eine wohlfahrtssteigernde Wirkung von Handel auch zwischen sehr ungleichen Wirtschaftsräumen theoretisch begründet werden kann, so bietet eine weitere Ausarbeitung des Theorems Anlaß, über den Handel mit dem Süden besorgt zu sein. Wenn der internationale Handel durch die unterschiedlichen Faktorproportionen angetrieben sein soll, dann liegt es nahe anzunehmen, daß dieser Handel auf das Verhältnis der Faktoren innerhalb der handeltreibenden Länder einwirkt. Unter der plausiblen Annahme, daß die Preise der Faktoren schneller als die Mengen der Faktoren reagieren (den Extremfall stellt Land dar: nur über einen längeren Zeitraum kann dem Meer oder den Bergen fruchtbares Land abgetrotzt werden), dann gleichen sich durch Handel die Faktorpreise international tendenziell an. Die Preise für die relativ knapp (bzw. reichlich) vorhandenen Faktoren fallen (steigen), weil diese Faktoren durch den internationalen Handel reichlicher (knapper) werden. Diese Hypothese wird als Heckscher-Ohlin-Theorem (auch Faktorproportionen-Theorem) bezeichnet. Die Anwendung dieses Theorems auf die Frage nach den Folgen der internationalen Faktorausstattung auf die Realeinkommensverteilung führte zum Stolper-Samuelson-Theorem. Dieses besagt, daß beim Abbau von Handelsschranken der relativ knappe Produktionsfaktor Einkommensverluste hinnehmen muß, da dieser durch den Handel weniger knapp wird. Auf den Handel zwischen Industrie- und Entwicklungsländern übertragen, läßt dieses Theorem erwarten, daß die Entlohnung geringqualifizierter Arbeitskräfte in Industrieländern sich dem in Entwicklungsländern vorherrschenden Niveau annähern wird (vgl. Rose/Sauernheimer 1995: 600-605).

Unstrittige empirische Befunde zur Entwicklung der Einkommensverteilung und der Beschäftigung in den OECD-Ländern scheinen das Stolper-Samuelson-Theorem zu bestätigen. So sind zeitgleich zur zunehmenden Internationalisierung der US-Ökonomie die Reallöhne in den USA gefallen (von 1980 bis 1990 um 7,8 Prozent). Besonders stark fielen die Reallöhne für geringqualifizierte Arbeitskräfte (16,9 Prozent). Allein die Reallöhne im oberen Drittel der Lohnskala sind während der 80er Jahre geringfügig gestiegen (1,1 Prozent; Juhn/Murphy 1995).

In Europa stiegen die Reallöhne hingegen im gleichen Zeitraum an, auch die Einkommensverteilung blieb mit Ausnahme Großbritanniens weitgehend stabil, doch die Arbeitslosigkeit stieg vor allem unter geringqualifizierten Arbeitskräften (Thygesen et al. 1996: 13 u. 91). Dies trifft auch weitgehend auf Westdeutschland zu. So stieg die Lohndifferenz zwischen Arbeitskräften mit Universitätsabschluß und denen mit Sekundärabschluß um 15 Prozent, die zwischen Angestellten und Arbeitern um 8 Prozent. Zugleich nahm die Arbeitslosigkeit unter geringqualifizierten Arbeitskräften überdurchschnittlich zu (Wood 1994: 262; Thygesen et al. 1996: 13). Die westdeutsche Entwicklung wäre insofern mit dem Stolper-Samuelson-Theorem vereinbar, als aufgrund flächendeckender Tarifverträge Löhne weniger flexibel auf die Marktnachfrage reagieren und somit statt einer Preis- eine Mengenanpassung stattfindet, die zur Arbeitslosigkeit führt.

Interessanterweise wird aber von vielen Außenhandelstheoretikern in der Tradition der »reinen« Außenhandelstheorie die empirische Gültigkeit des Stolper-Samuelson-Theorems bestritten (Lawrence/Slaughter 1993; Srinivasan 1994; Bhagwati 1995: 45). Sie können sich dabei auf empirische Studien internationaler Organisationen berufen. Die Untersuchungen im Auftrage der OECD (OECD 1994; Lawrence 1996), der Trilateral Commission (Thygesen et al. 1996) und selbst der Internationalen Arbeitsorganisation (Lee 1996) haben keine erkennbaren negativen Auswirkungen des Handels auf die Beschäftigung und die Einkommensverteilung feststellen können. So kommt eine Studie der OECD zu acht Mitgliedsländern für den Zeitraum von 1971 bis 1986 zum Ergebnis, daß der Handel zwar starke Verschiebungen zwischen einzelnen Branchen des verarbeitenden Gewerbes verursacht hätte (vor allem auf Kosten der Bereiche Textil und Bekleidung, Schuhe und elektronische Güter), aber das Beschäftigungsvolumen der gesamten Industrie sei nur geringfügig beeinflußt worden. Durch den hohen Beschäftigungsanteil des Dienstleistungssektors (ca. 70 Prozent der Gesamtbeschäftigung in den OECD-Ökonomien) sei zudem gesamtwirtschaftlich gesehen das Gewicht des Handels mit Industriegütern gering. So hätte der Handel mit den dynamischen asiatischen Ökonomien (Taiwan, Hongkong, Korea, Malaysia, Singapur, Thailand) und China zu Anfang der 90er Jahre lediglich 2 Prozent des Bruttosozialproduktes der OECD betragen. Auf die Beschäftigung hätte nur die Handelsbilanz einen merkbaren Einfluß gehabt: Die japanischen Handelsbilanzüberschüsse hätten einen Beschäftigungsgewinn gebracht, die US-amerikanischen Defizite einen Verlust, und die deutschen Überschüsse (vor allem im Handel mit OECD-Ländern) wären mit geringen Verlusten (aufgrund des Handels mit Nicht-OECD-Ländern) einhergegangen (OECD 1994: Part 1, Table 3.10; OECD 1996b: 129). Für die sich öffnende Einkommensschere in den USA und die zunehmende Arbeitslosigkeit unter geringqualifizierten Beschäftigten in Europa machen diese Studien vor allem Fortschritte in der Produktionstechnik verantwortlich (Lawrence 1996: 15; Thygesen et al. 1996: 16; Lee 1996: 487). Auf diese Studien wird sich auch Professor Silvia bei seinem Tagungsbeitrag berufen haben, wobei er allerdings die Auswirkungen des technischen Fortschritts relativierte und die zunehmende Einkommensungleichheiten multikausal erklärte.

Die Autoren dieser Studien verwenden zur Ermittlung der Auswirkungen des Handels die Faktoranteilmethode. Sie schätzen die Zahl der für die Produktion der Exporte benötigten Arbeitskräfte und vergleichen sie mit der Zahl an Arbeitskräften, die für die Produktion der importierten Güter notwendig wäre. Die Differenz aus diesen Zahlen für Exporte und Importe interpretieren sie als Nettoeinfluß des Handels auf den Arbeitsmarkt. Der ehemalige Weltbankökonom Adrian Wood weist jedoch in seiner sehr umfassenden Studie nach, daß durch die Art und Weise, wie diese Methode angewendet wird, der Einfluß von Importen aus dem Süden auf die Nachfrage nach geringqualifizierten Arbeitnehmern im Norden systematisch unterschätzt wird. Insgesamt kommt Wood zum Ergebnis, daß im Norden bis 1990 durch den Handel mit dem Süden die Nachfrage nach ungelernten Arbeitskräften im Verhältnis zu Fachkräften ungefähr um 20 Prozent sank (Wood 1994: 10-11). Für die USA kommen einige jüngere Arbeiten zu ähnlichen Ergebnissen, wenngleich sie insgesamt dem Handel einen etwas geringeren Stellenwert als Wood beimessen (Leamer 1996; Brauer/Hickock 1995; Borjas/Ramey 1993; Borjas et al. 1992).

Woods eigene Methode wurde wiederum kritisiert. Diese Debatte unter Fachökomomen kann hier nicht ausführlich dargestellt werden (für eine detaillierte Darstellung siehe Scherrer 1998: 52-62). Es kann aber festgehalten werden, daß die herrschende Außenhandelslehre Theoreme zur Verfügung stellt, die zwar von allgemeinen Wohlfahrtsgewinnen durch Handel zwischen ungleichen Wirtschaftsgebieten ausgehen, aber die Schlechterstellung von geringqualifizierten Arbeitskräften in den entwickelteren Gebieten beim Abbau von Handelshemmnissen voraussagen. Diese Voraussagen sind unter Verwendung von in der neoklassischen Ökonomie anerkannten Methoden empirisch bestätigt worden, wenngleich sie auf spezifischen Voraussetzungen basierten und keinesfalls exakte Ergebnisse lieferten.

US-Gewerkschaften Opfer des Weltmarkts

Die obige Kontroverse wurde innerhalb des neoklassischen Paradigmas der Wirtschaftswissenschaften geführt. Aus dieser neoklassischen Sicht ist der Markt ein neutraler Allokationsmechanismus, der durch die *invisible hand* des Konkurrenzzusammenhangs bei der Abstimmung von Angebot und Nachfrage die optimale Zuweisung (Allokation) der Ressourcen und Faktoren ermöglicht, die ökonomisch rationale Verteilung (Distribution) von Einkommen besorgt und zugleich hilft, den bestmöglichen Pfad der gesellschaftlichen Innovation zu finden. Im Vergleich zu allen anderen denkbaren Steuerungsmechanismen gilt der Markt als der effizienteste Mechanismus (vgl. Sohmen 1976).

Für den neo-institutionellen Ansatz ist der Markt hingegen ein »Ensemble sozialer Formen«, dessen Funktionieren eine Vielzahl von sozialen, nicht-marktförmigen Praxen voraussetzt. Zur Erbringung der ihnen zugesprochenen Leistungen bedürfen Märkte eines spezifischen sozialen, politisch-institutionellen und ökologischen Umfeldes. Ist ein solches nicht gegeben, besteht die Gefahr, daß

Märkte zu katastrophischen Zuständen führen. Laut neo-institutioneller Lehre brauchen Märkte politische Regulation (vgl. Altvater 1992).

Aus neo-institutioneller Sicht hängt es von der Struktur der Weltwirtschaft ab, inwieweit es zum »ruinösen Wettbewerb« kommen kann. In der unmittelbaren Nachkriegszeit ermöglichten sowohl das Institutionengefüge des Weltmarkts als auch die entwicklungspolitischen Leitlinien des »Fordismus« binnenwirtschaftlich orientierte Entwicklungspfade. Im Norden verschärfte in den 70er Jahren die Angleichung der Produktivitätsniveaus die zwischenstaatliche Konkurrenz und die Aufgabe des Regimes fester Wechselkurse schränkte die nationalen wirtschaftspolitischen Handlungsräume ein. Unter diesen neuen Bedingungen verkehrte sich die Erfolgsformel für die Erschließung der Binnenmärkte, die Koppelung der Steigerungsrate des Reallohnes an die der Produktivität, in ihr Gegenteil: Höhere Löhne begannen die Wettbewerbsposition zu gefährden. Der Stundenlohn einschließlich Sozialleistungen eines amerikanischen Stahl- oder Automobilarbeiters lag selbst 1981 noch ungefähr 50 Prozent über dem eines bundesdeutschen Arbeiters in diesen Branchen (Erd/Scherrer 1984: 81).

Die Erfahrungen der US-Gewerkschaften können wichtige Hinweise auf die Schwierigkeiten liefern, die bei der Anpassung eines gewachsenen Systems der industriellen Beziehungen an neue Konkurrenzverhältnisse auf dem Weltmarkt entstehen. Die derzeit starke Stellung der bundesdeutschen Industrie auf dem Weltmarkt ist nicht in Stein gehauen. Hinsichtlich dem Lohn- und Sozialleistungsniveau stehen die bundesdeutschen Gewerkschaften im internationalen Vergleich ähnlich exponiert da, wie die US-Gewerkschaften in den 70er Jahren. Auch sollte nicht übersehen werden, daß sich einige bundesdeutsche Firmen aktiv an der Anti-Gewerkschaftskampagne in den USA beteiligen. Sowohl Mercedes als auch BMW versuchen in ihren neuen Werken in den USA die Gewerkschaften herauszuhalten. In den 80er Jahren hat sich die BASF gegenüber der Belegschaft eines ihrer Werke in Louisiana besonders rabiat erwiesen.

Die rechtliche Ausgestaltung des Systems der industriellen Beziehungen und die Ausformung gewerkschaftlicher Strategien erfolgte in einer Zeit, als der Weltmarkt eine geringe Rolle für die US-Wirtschaft spielte. Die Gewerkschaften brauchten somit nicht die Konkurrenzverhältnisse auf dem Weltmarkt bei ihren tariflichen Forderungen berücksichtigen. Auch konnten sie in der Regel davon ausgehen, daß Lohnerhöhungen nicht im Widerspruch zu Beschäftigungschancen standen, da sie am meisten in den Bereichen der Wirtschaft vertreten waren, in denen einige wenige Konzerne über Preissetzungsmacht verfügten (z.B. Autoindustrie), die staatlich reguliert waren (z.B. Straßengüterfernverkehr, Bauwirtschaft) oder die von öffentlichen Aufträgen lebten (Rüstungsindustrie). Den Verteilungsspielraum in diesen Wirtschaftssektoren konnten die Gewerkschaften auch zum Aufbau betrieblicher sozialer Netze nutzen, nachdem ihnen, nicht zuletzt mangels einer Arbeiterpartei, die Durchsetzung flächendeckender und umfangreicher Sozialstaatsprogramme auf parlamentarischer Ebene nicht gelang. Die Mitsprache bei unternehmerischen Entscheidungen blieb ihnen zwar versagt, doch grenzten die Tarifverträge unternehmerische Willkür bei der Personaldisposition ein: Die Dauer der Betriebszugehörigkeit und genaue Tätigkeitsbeschreibungen regelten den Arbeitseinsatz. Auch wenn die tarifvertragliche Ausgestaltung von betrieblichen Arbeitsregeln, Senioritätssystem und Beschwerdeprozedur in den einzelnen Branchen voneinander abwich, läßt sich insgesamt festhalten, daß das Management durch die gewerkschaftliche *job control* einige wichtige Belohnungs- und Sanktionsmöglichkeiten zur betrieblichen Herrschaftsausübung verlor. Eine höhere Leistungsbereitschaft konnte weder durch individuelle Lohnanreize noch durch Beförderung (es sei denn zum Vorarbeiter) motiviert werden. Dieser Umstand erklärt in nicht unerheblichem Maße das für westdeutsche Verhältnisse z.T. enorme Ausmaß der tayloristischen Kontrolle, das sich u.a. in dem fast unaufhaltsamen Anwachsen der Zahl der in US-amerikanischen Großbetrieben beschäftigten Aufsichtspersonen, Zeitnehmer und Arbeitsplaner niederschlug (Lüthje/Scherrer 1993).

Die auf den ersten Blick recht weitreichenden Beschränkungen der Weisungsrechte des Managements mag aus deutscher Sicht vielleicht überraschen. Die festgeschriebene Arbeitsteilung zwischen Management und Gewerkschaften bedeutete allerdings keinen allzu großen Machtverlust der Kapitalseite, weil sie durchaus mit dem vorherrschenden tayloristisch-fordistischen Rationalisierungsmodell vereinbar war. Die Anerkennung der senioritätsbezogenen Schutzrechte der Belegschaften erschien vielen Managern als das "kleinere Übel" gegenüber der Gefahr ständiger Kleinkriege mit den Beschäftigten oder umfassender Mitbestimmungsforderungen. In vielen Betrieben hatten sich nämlich die Belegschaften während der dreißiger und vierziger Jahre ein hohes Maß an Kontrolle über Leistungsstandards und andere Fragen der Betriebsorganisation erkämpft und sahen es als legitim an, Anordnungen zur Leistungssteigerung mit spontanen Arbeitsniederlegungen oder gar mit Sabotageakten zu beantworten. Die tarifvertragliche Einschränkung der unternehmerischen Weisungsmacht war somit ein Kompromiß, der auch dem Interesse des Managements an stabilen Produktionsbedingungen im Betrieb Rechnung trug, um dessen konkrete Ausgestaltung aber ständig gerungen wurde (Scherrer 1992: 95-99).

Durch die wachsenden Erfolge ausländischer Anbieter im Laufe der 70er Jahre verloren die US-Konzerne jedoch zunehmend die Fähigkeit, Kostensteigerungen ohne Gefahr für ihre Marktanteile in die Preisgestaltung einfließen zu lassen. In der Folge verstärkten die Unternehmen mit Erfolg ihre Abwehrmaßnahmen gegen gewerkschaftliche Organisierungsversuche ihrer Belegschaften. Dabei kam ihnen auch das große Angebot an unqualifizierten Arbeitskräften entgegen, das vor allem durch die beginnenden neuen Einwanderungswellen aus Lateinamerika und Südostasien vermehrt wurde (Davis 1986: 181-186). Die Lohnerhöhungen in diesen Bereichen hielten nicht mehr mit der Inflation mit, so daß sich die Lohndifferenz zugunsten der Beschäftigten in den gewerkschaftlichen Hochburgen bis Ende der 70er Jahre erhöhte (Freeman 1988: 80). Stärkere Einzelgewerkschaften, wie zum Beispiel die Automobilarbeitergewerkschaft (UAW), die zumeist Tarifverträge mit allen wesentlichen Unternehmen ihrer

Branche abgeschlossen hatten, gelang es in den 70er Jahren noch real Lohnerhöhungen durchzusetzen. Dieser Stärke der Gewerkschaften versuchten die Unternehmen mit einer Verlagerung der Produktion in den Süden der USA zu entgehen, wo Tradition und Gesetzgebung den Gewerkschaften die Organisierung neuer Belegschaften erschweren. In einigen Branchen, vor allem in der Autoindustrie, gelang es jedoch den Gewerkschaften, durch Druck in den bereits organisierten Werken die Konzerne zur Neutralität bei den Anerkennungswahlen zu zwingen und somit diese Wahlen zu gewinnen (Katz 1985: 90). Erst der scharfe Kriseneinbruch von 1982/83 konnte von den Konzernleitungen zur Durchsetzung von Lohnstopps und zur Beseitigung gewerkschaftlicher Schutzrechte genutzt werden (Moody 1988: 11-13). Sie konzentrierten sich in diesen Branchen auf die Beseitigung tarifvertraglicher Regeln zum Arbeitseinsatz, der sogenannten *work rules*, die als Hindernisse einer Flexibilisierung und Intensivierung der Arbeit angesehen wurden. Die dabei verfolgten Strategien reichten von einem Frontalangriff über ein geschicktes Gegeneinanderausspielen einzelner Belegschaften bis hin zu Kooperationsangeboten in Form von Qualitätszirkeln oder gar betrieblicher Mitbestimmung. Diese Spannbreite an Strategien konnte sogar bei ein und demselben Unternehmen beobachtet werden (Scherrer 1992: 262-304).

Die zunehmenden Wettbewerbsprobleme in den gewerkschaftlich organisierten Bereichen des verarbeitenden Gewerbes trugen zudem maßgeblich zur Schwächung der Verhandlungsmacht der Lohnabhängigen in anderen Branchen bei. Zum einen wurden die von der Weltmarktkonkurrenz betroffenen Unternehmen zu den maßgeblichen Befürwortern einer Deregulierungspolitik im Transportwesen und im Bereich der Telekommunikation, da sie ihre Input-Kosten senken wollten. Die Deregulierung dieser Bereiche führte zu drastischen Lohnkürzungen (Klitgaard/Posen 1995: 34). Zum anderen entzogen die betroffenen Unternehmen ihre Unterstützung für eine keynesianische Wirtschaftspolitik und für eine Politik des Ausgleichs mit Arbeitnehmervertretern. Die Handlungsfähigkeit von Gewerkschaften und von unorganisierten Belegschaften wurde durch beides empfindlich eingeschränkt (Lüthje/Scherrer 1993).

Erwähnt sei schließlich, daß in den zukunftsträchtigen Wirtschaftszweigen, in denen amerikanische Unternehmen auf dem Weltmarkt dominieren, die Gewerkschaften nur schwach vertreten sind. Hinter dem Vorbild des Marktführers IBM hat sich die amerikanische Computerindustrie zu einem Industriezweig entwickelt, der als Schrittmacher für eine Entgewerkschaftlichung auftritt. Kann man in der Automobil- und Stahlbranche davon ausgehen, daß zwischen Gewerkschaften und Unternehmern ein zumindest rudimentärer Konsens darüber besteht, daß institutionalisierte Kooperationen für alle Beteiligten funktional sind, so zeigen die Computerindustrie sowie Weltmarktgrößen wie Du Pont (Chemie), Kodak und Polaroid, daß offenbar ohne Gewerkschaften das Management erfolgreicher handeln kann.

Die Gründe dafür sind vielfältig. Ohne sie detailliert darlegen zu wollen sei nur erwähnt, daß sich die Zentren der Computerindustrie in solchen Regionen der USA angesiedelt haben (Texas, Süd-Kalifornien), die traditionell gewerkschaftlich unterrepräsentiert sind, und daß die Trennung ihrer Beschäftigten in zwei voneinander distinktiv unterschiedene Gruppen weit fortgeschritten ist. Dem in der Entwicklung tätigen Personal können sie, aufgrund des noch ungebremsten Wachstums dieses Industriezweiges, relativ stabile Beschäftigungsverhältnisse und hohe Gehälter garantieren. Die Beschäftigten der Produktion hingegen werden mit wenig mehr als dem gesetzlichen Mindestlohn abgefunden (Eisenscher 1993).

Die Konkurrenzsituation wird noch durch die Fähigkeit transnationaler Konzerne gesteigert, mit Hilfe moderner Informations- und Kommunikationstechniken globale Produktionsketten zu organisieren. In dem Maße, wie es ihnen gelingt, in ihren Fabriken im Süden an das Produktivitäts- und Produktqualitätsniveau ihrer nördlichen Standorte heranzukommen, können sie auf die Belegschaften an diesen nördlichen Standorten Druck ausüben. Dabei reicht es zumeist aus, mit einer Standortverlagerung zu drohen. Eine Umfrage unter US-amerikanischen Gewerkschaftsfunktionären ergab beispielsweise, daß bei Organisierungskampagnen in den Jahren 1993 bis 1995 jede zweite Firma mit Verlagerung gedroht hat. Eine solche Drohung war der häufigste Grund für die Aufgabe einer Organisierungskampagne. In den Betrieben, wo eine Gewerkschaft dennoch versucht hat, die jeweilige Belegschaft zu organisieren, unterlag sie in 67 Prozent der Anerkennungswahlen, gegenüber 53 Prozent der Wahlen, in denen eine solche Drohung nicht ausgesprochen wurde (CLC 1997: 57-59). Dieser Machtzuwachs der Kapitalseite trägt zur Erklärung des oben diskutierten Phänomens bei, daß – trotz verhältnismäßig geringer Handelsströme und Direktinvestitionen im Ausland – die Löhne für geringqualifzierte Arbeitskräfte in den USA fielen. Allerdings waren die südlichen Produktionskapazitäten der transnationalen Konzerne in den 80er Jahren zumeist noch nicht auf Weltmarktniveau, so daß für diesen Zeitraum der von Standorten in Japan und Westeuropa ausgehende Konkurrenzdruck wesentlich entscheidender für die Schwächung der US-Gewerkschaften in den Kernbranchen war (Scherrer 1992).

Modell USA?

Im Zuge der Diskussion über den Standort Deutschland wurden die USA häufig als Modell für eine erfolgreiche Anpassung an den Weltmarkt gepriesen. Angesichts der erneut drastisch zunehmenden Handelsbilanzdefizite der USA und der spiegelbildlich zunehmenden Handelsbilanzüberschüsse Deutschlands, der Abnahme der US-amerikanischen Handelsbilanzüberschüsse im Bereich der Hochtechnologiegüter (zwischen 1992 und 1998 wuchsen die Importe um 119,2%, die Exporte nur um 73,4%; USTR 1999) und des geringeren Produktivitätswachstums in den USA (zwischen 1987 und 1995 stieg das reale Bruttoinlandsprodukt pro Arbeitsstunde um 0,9% gegenüber 3,3% in Westdeutschland; Schmitt/Mishel 1998: 45) haben allerdings die USA als Modell an Attraktivität verloren. Statt dessen werden heute die USA für ihren beschäftigungspolitischen Erfolg angepriesen. Seit 1993 nimmt die Arbeitslosigkeit in den USA stetig ab. 1998 erreichte sie den Tiefstand von 4,5%. Zugleich lag die Erwerbsquote in den USA deutlich über der Deutschlands. Dieser Erfolg wird häufig auf die Flexibilisierung des US-amerikanischen Arbeitsmarktes zurückgeführt, wie beispielsweise von Herrn Methfessel auf dieser Tagung. Hier ist nicht der Platz für eine ausführliche Diskussion des US-Jobwunders. Doch möchte ich darauf hinweisen, daß zum einen die These der größeren Flexibilität der amerikanischen Arbeitsmärkte pauschal nicht aufrechterhalten werden kann (Ganßmann/Haas 1999) und zum anderen das US-Jobwunder mit dem Verweis auf makroökonomische Unterschiede und der höheren Frauenerwerbstätigkeit zutreffender erklärt werden kann (Bluestone 1999, Palley 1999).

Literatur

Altvater, Elmar, 1992: *Die Zukunft des Marktes.* Münster: Westfälisches Dampfboot.

Bhagwati, Jagdish, 1995: »Trade and Wages: Choosing among Alternative Explanations«, in: *Economic Policy Review,* 1(1): 42-47.

Bluestone Barry, 1999: »Wall Street contra Main Street: Das US-amerikanische Wachstumsmodell«, in: Sabine Lang, Margit Mayer, Christoph Scherrer (Hg.) *Jobwunder USA – Modell für Deutschland?,* (Münster: Verlag Westfälisches Dampfboot; erscheint im Herbst).

Borjas, George J. / Freeman, Richard B. / Katz, Lawrence F., 1992: »On the Labor Market Impacts of Immigration and Trade«, in: George J. Borjas u. Richard B. Freeman (Hg.): *Immigration and the Work Force: Economic Consequences for the United States and Source Areas.* (Chicago, IL: University of Chicago Press): 213-244.

Borjas, George J. / Ramey, Valeri A., 1993: *Foreign Competition, Market Power, and Wage Inequality: Theory and Evidence.* National Bureau of Economic Research – *Working Paper,* Nr. 4556.

Brauer David A. / Hickock, Susan, 1995: »Explaining the Growing Inequality in Wages across Skill Levels«, in: *Economic Policy Review,* 1(1): 61-75.

Bronfenbrenner, Kate, 1996: *Final Report. The Effects of Plant Closing or Threat of Plant Closing on the Right of Workers to Organize,* Submitted to The Labor Secretariat of the North American Commission for Labor Cooperation, Cornell University.

Davis, Mike, 1986: *Prisoners of the American Dream: Politics and Economy in the History of the U.S. Working Class* (London: Verso).

Eisenscher, Michael, 1993: »Gewerkschaftliche Organisierung in der Computerindustrie: Die Erfahrungen der UE Electronics Organizing Committee im "Silicon Valley"«, in: Boy Lüthje und Christoph Scherrer (Hg.), *Jenseits des Sozialpakts. Neue Unternehmensstrategien, Gewerkschaften und Arbeitskämpfe in den USA* (Münster: Verlag Westfälisches Dampfboot): 180-202.

Erd, Rainer / Scherrer, Christoph, 1984: »Amerikanische Gewerkschaften - Opfer des Weltmarkts«, in: *Prokla* 14(3) Heft 54: 78-96.

Freeman, Richard B., 1988: »Contraction and Expansion: The Divergence of Private Sector and Public Sector Unionism in the United States«, in: *Journal of Economic Perspectives*, 2(3): 65-78.

Ganßmann, Heiner / Haas, Michael, 1999: *Arbeitsmärkte im Vergleich. Rigidität und Flexibilität auf den Arbeitsmärkten der USA, Japans und der BRD.* Marburg: Schüren.

Juhn, Chinhui / Murphy, Kevin M., 1995: »Inequality in Labor Market Outcomes: Contrasting the 1980s and Earlier Decades«, in: *Economic Policy Review*, 1(1): 26-32.

Katz, Harry C., 1985: *Shifting Gears: Changing Labor Relations in the U.S. Automobile Industry.* Cambridge, Mass.: The MIT Press.

Klitgaard, Thomas / Posen, Adam, 1995: »Summary of Discussion«, in: *Economic Policy Review,* 1(1): 33-34.

Lawrence, Robert Z. / Slaughter, Matthew J., 1993: »Trade and U.S. Wages: Great Sucking Sound or Small Hiccup?« in: *Brookings Papers on Economic Activity:* Microeconomics 2: 115-180.

Lawrence, Robert Z., 1996: *Single World, Divided Nations? International Trade and OECD Labor Markets.* OECD Development Center, Brookings Institution Press.

Lee, Eddy, 1996: »Globalization and Employment: Is Anxiety justified«, in: *International Labour Review,* 135(5): 485-497.

Lüthje, Boy / Scherrer, Christoph, 1993: »Jenseits des Sozialpakts. Neue Unternehmensstrategien, Gewerkschaften und Arbeitskämpfe in den USA«, in: dies. (Hg.): *Jenseits des Sozialpakts. Neue Unternehmensstrategien, Gewerkschaften und Arbeitskämpfe in den USA* (Münster: Westfälisches Dampfboot): 9-31.

Moody, Kim, 1988: *An Injury to All. The Decline of American Unionism.* London: Verso.

OECD (Organisation for Economic Co-operation and Development), 1994: *Jobs Study.* Bände I-II. Paris: OECD.

OECD, 1996: *Trade, Employment and Labour Standards. A Study of Core Workers' Rights and International Trade.* Paris: OECD.

Palley, Thomas, 1999: »Arbeitslosigkeit und makroökonomische Weichenstellungen«, in: Sabine Lang, Margit Mayer, Christoph Scherrer (Hg.) *Jobwunder USA – Modell für Deutschland?*, (Münster: Verlag Westfälisches Dampfboot; erscheint im Herbst).

Rielly, John E. (Hg.) 1975, 1979, 1983, 1987, 1991, 1995, 1999: *American Public Opinion and U.S. Foreign Policy.* Chicago: The Chicago Council of Foreign Policy.

Rose, Klaus / Sauernheimer, Karlhans, 1995: *Theorie der Außenwirtschaft.* 12. Auflage. München: Vahlen.

Scherrer, Christoph, 1992: *Im Bann des Fordismus. Die Auto- und Stahlindustrie der USA im internationalen Konkurrenzkampf.* Berlin: Sigma.

Scherrer, Christoph, 1999: *Globalisierung wider Willen? Die Durchsetzung liberaler Außenwirtschaftspolitik in den USA.* Berlin: Sigma (im Erscheinen).

Scherrer, Christoph, Thomas Greven, Volker Frank, 1998: *Sozialklauseln. Arbeiterrechte im Welthandel,* Münster, Verlag Westfälisches Dampfboot.

Schmitt, John / Mishel, Lawrence, 1998: »The United States Is Not Ahead in Everything That Matters«, in: *Challenge* 41(6) 39-59.

Sohmen, Egon, 1976: *Allokationstheorie und Wirtschaftspolitik.* Tübingen: Mohr.

Srinivasan, T. N., 1994: »International Labor Standards Once Again!«, in: U.S. Department of Labor, Bureau of International Labor Affairs: *International Labor Standards and Global Economic Integration: Proceedings of a Symposium* (Washington, DC: Government Printing Office): 34-39.

Thygesen, Niels / Kosai, Yutaka / Lawrence, Robert, 1996: *Globalization and Trilateral Labor Markets: Evidence and Implications.* A Report to The Trilateral Commission. New York.

USTR (United States Trade Representative) 1999: Annual Report 1998. Washington, D.C.

Wood, Adrian, 1994: *North-South Trade, Employment, and Inequality: Changing Fortunes in a Skill-driven World.* Oxford: Clarendon Press u. New York: Oxford University Press.

Tabelle 1: Zölle abschaffen oder behalten? Umfrageergebnisse, in Prozent, 1953-1998			
Jahr	Zölle abschaffen	Zölle sind notwendig	Keine Meinung
1953	30	34	36
1962	11	68	21
1976	23	55	22
1977	18	66	16
1978	22	57	21
1982	22	57	21
1984	33	55	12
1985	36	57	7
1986	28	53	19
1988	34	56	10
1989	36	54	10
1990	25	54	21
1991	27	63	10
1994	32	48	20
1998	32	49	19

Quellen: Rielly (div. Jahre), für die Jahre 1953, 1962, 1976, 1977, 1984, 1985, 1988, 1989, 1991 siehe Scherrer (1999: Tabellen 4, 5, 9, 10).

Dr. Christoph Scherrer ist Politikwissenschaftler am John-F.-Kennedy-Institut der Freien Universität Berlin. Im vergangenen Jahr hat er seine Habilitation zum Thema "Weltmarkt als Projekt? Durchsetzung liberaler Außenwirtschaftspolitik der USA, 1960-1998" vorgelegt. Dr. Scherrer war John-F.-Kennedy-Memorial Fellow an der Harvard University sowie Gastprofessor an der Rutgers University. Neben seinem Interesse an Außen- und Wirtschaftspolitik beschäftigt er sich mit amerikanischer Sozialpolitik.

Johann Eekhoff

Die nationale Dimension – Wettbewerb der Systeme?

A. Was heißt Globalisierung, was ist neu?

DER Begriff Globalisierung weckt sehr unterschiedliche, zum Teil widersprüchliche Empfindungen und Vorstellungen. Viele Menschen sind nicht sicher, ob sie die Globalisierung als Bedrohung oder als Chance ansehen sollen. Nach Meinungsumfragen überwiegen das Unbehagen und die Ängste vor ungewissen Veränderungen. In diese Unsicherheit hinein stoßen Veröffentlichungen wie "Die Globalisierungsfalle – Der Angriff auf Demokratie und Wohlstand" (Martin/Schumann, Hamburg, 12.Auflage 1997).

I. Globalisierung als Bedrohung

Mit der Globalisierung werden vielfältige Ängste und Befürchtungen verbunden. Die größte Sorge betrifft die Arbeitsplätze. Arbeitnehmer und Gewerkschaften befürchten, daß der verschärfte internationale Wettbewerb zu wachsender Massenarbeitslosigkeit führt. Insbesondere in den hochentwickelten Industriegesellschaften rechnen Arbeitnehmer mit geringer Qualifikation mit der Abwanderung von Unternehmen und Arbeitsplätzen in Länder mit geringeren Löhnen. Aber selbst die Facharbeiter und Stammbelegschaften großer und mittlerer Unternehmen sehen in der Globalisierung eine Ursache für die Gefährdung ihrer Arbeitsstätten. Geschürt werden diese Ängste durch Thesen von der Ein-Drittel/Zwei-Drittel-Gesellschaft, wonach es in absehbarer Zeit nur noch Arbeit für ein Drittel der Erwerbspersonen geben werde.

Die Öffnung der Grenzen – insbesondere nach Mittel- und Osteuropa – und die zunehmende Mobilität der Arbeitnehmer, sowie die Entsendung von Arbeitnehmern aus anderen Ländern nach Deutschland, lassen bei einem Teil der Arbeitnehmer, etwa im Baugewerbe, das Gefühl aufkommen, sie würden unmittelbar von den ausländischen Arbeitskräften verdrängt.

In den traditionellen Industrieländern ist die erwartete ansteigende Arbeitslosigkeit eng mit einer Zukunftsangst vieler Jugendlicher verbunden. Sie fürchten um ihre beruflichen Chancen, weil die Arbeitgeber in der gesamten Welt Arbeitskräfte anwerben und beschäftigen können. Sie sehen sich einem neuen Wettbewerb ausgesetzt und vertrauen nicht mehr darauf, daß traditionelle Unternehmen, die seit Jahrzehnten in einer Region Arbeitsplätze angeboten haben, dort in den nächsten Jahren noch tätig sein werden. Diese Unsicherheit überträgt sich auf Entscheidungen über die Berufsausbildung und über die Auswahl der Studienrichtung.

Die Kommunikations- und Informationstechnik macht es möglich, auch hochspezialisierte Dienstleistungen, wie die Entwicklung von Computerprogrammen, Projektplanungen, Rechnungssystemen usw. von nahezu jedem beliebigen Standort in der Welt anzubieten. Dadurch lassen sich die Verwaltungszentralen der Konzerne in ein weitverzweigtes Netz von einzelnen Dienstleistungen auf viele verschiedene Standorte aufteilen. Die großen Konzerne mit weltumspannenden Aktivitäten scheinen die Unsicherheit der Beschäftigung an den traditionellen Standorten in den westlichen Industrieländern zu vergrößern.

Unbehagen bereiten die internationalen Finanzmärkte, auf denen ein unvorstellbares Volumen an Transaktionen zwischen den verschiedenen Ländern abgewickelt wird. Die Finanzströme übersteigen den Wert der Güterströme um ein Vielfaches. Die Zusammenbrüche einzelner Finanzierungsinstitute und die Zahlungsunfähigkeit einzelner Staaten vervollständigen das Bild eines hochsensiblen, instabilen und komplizierten Gerüsts von Finanzbeziehungen, die nicht mehr solide kontrolliert werden können.

Politiker beklagen lautstark, daß ihnen die Kontrolle über die Unternehmen entgleitet und daß ihre Möglichkeiten, Steuern zu erheben und Sozialsysteme zu gestalten, ständig weiter eingeengt werden. Sie fühlen sich dem Diktat der global tätigen Konzerne, der internationalen Finanzmärkte und des internationalen Steuer-, Sozial- und Umweltwettbewerbs ausgesetzt.

Die Verunsicherung der Menschen hat reale Hintergründe und ist ernst zu nehmen. Viele Besitzstände und traditionelle Verhaltensweisen werden in Frage gestellt, und es fällt den Menschen schwer, sich darauf einzustellen. Zunehmender Wettbewerb wird zuerst als Bedrohung, als Kampf um Einkommensquellen, um Marktanteile und Produktionschancen, und erst in zweiter Linie als Ansporn zu besseren Leistungen und als Weg zu preisgünstigeren Produkten und Dienstleistungen gesehen.

II. Globalisierung als stetige Entwicklung

Nüchtern betrachtet ist die Globalisierung nichts anderes als die Fortsetzung eines schon lange anhaltenden Trends zur internationalen Verflechtung. Wir haben uns längst daran gewöhnt, daß in Deutschland Güter aus allen Ländern angeboten werden. Selbst bei Frischwaren spielen die Jahreszeiten fast keine Rolle mehr, weil sie über große Entfernungen transportiert werden können. Es ist auch nicht ungewöhnlich, daß Investoren ihr Kapital weltweit einsetzen. Als Exportnation hat Deutschland ein großes Interesse daran, daß die heimischen Produkte in aller Welt nachgefragt werden. Der internationale Austausch ist einer der wichtigen Säulen des Wohlstandes, weil die internationale Arbeitsteilung eine effizientere Produktion erlaubt.

Besonders stark verändert haben sich in den letzten Jahren die Möglichkeiten, mit Menschen in anderen Ländern zu kommunizieren. Über Telefon, Telefax und Internet haben sich interkontinentale Netze entwickelt, die einen schnellen und kostengünstigen Informationsaustausch ermöglichen. Der Austausch von Waren hat sich auf den Austausch von Dienstleitungen und Informationen ausgeweitet. Das bedeutet, daß sich eine lang anhaltende Entwicklung konsequent fortsetzt. Schon seit langer Zeit werden in Deutschland nicht nur solche Produkte eingeführt, die hier nicht hergestellt werden können (z.B. Südfrüchte) oder deren Produktion mit unverhältnismäßig hohen Kosten verbunden wäre. Vielmehr hat sich der internationale Handel vor allem innerhalb der einzelnen Sektoren ausgeweitet, also bei Produkten und Vorprodukten, die grundsätzlich überall hergestellt werden könnten, bei denen bestimmte Länder aber Vorteile der Massenproduktion und der Spezialisierung haben.

Neu ist das Tempo der Veränderungen, die nur zum Teil auf die Globalisierung zurückzuführen sind. Die Änderung der Produkte, die Entwicklung neuer Produkte, die Umstellung der Produktionsverfahren und die Aufteilung der Produktion auf eigene Betriebe und auf Zulieferer haben sich ständig beschleunigt. Dadurch werden nicht nur einzelne Arbeitsstellen, sondern ganze Betriebsstätten verlagert, aufgegeben oder neu gegründet. Die Berufsausbildung und die Fähigkeiten der Arbeitnehmer können durch solche Umstellungen entwertet werden. Arbeitnehmer, aber auch Selbständige werden damit konfrontiert, sich auf neue Tätigkeiten einzustellen. Nur ein Teil der Menschen sieht darin eine Herausforderung und eine Chance; andere fühlen sich verunsichert und bedroht. Verschärft werden die Folgen des Strukturwandels durch eine bereits bestehende hohe Arbeitslosigkeit, die einen Wechsel des Arbeitsplatzes erschwert. Es ist verständlich, daß sich der Blick zuerst auf die wegfallenden Arbeitsplätze und weniger auf die neu entstehenden Beschäftigungs- und Entfaltungsmöglichkeiten richtet.

Neu ist die Öffnung der sogenannten Zweiten Welt, also die Öffnung des "Eisernen Vorhangs" und der Grenzen nach Osten. Insbesondere Deutschland wird damit konfrontiert, daß ein großer Anreiz für Arbeitnehmer in Mittel- und Osteuropa besteht, sich um einen Arbeitsplatz in den westlichen Ländern zu bemühen. Die Kontroversen um eine Osterweiterung der Europäischen Union lassen Konflikte erahnen, die sich aus einer vollständigen Freizügigkeit der Arbeitnehmer in einer erweiterten Europäischen Union ergeben könnten. Auch hier richtet sich der Blick zuerst auf den verschärften Wettbewerb um Produkte und Leistungen, die von diesen Nachbarländern erbracht werden können, und nicht auf die Ausweitung der Märkte für deutsche Produkte und Leistungen. Tatsächlich hat sich der negative Außenhandelssaldo mit den Beitrittskandidaten in Mittel- und Osteuropa in einen Positivsaldo verwandelt, d. h. der Austausch ist nicht nur intensiver geworden, sondern hat vor allem deutschen Unternehmen zusätzliche Marktchancen gebracht.

Neu ist die beschleunigte Integration der Schwellenländer und Entwicklungsländer in den Weltmarkt. Bis vor wenigen Jahren fürchteten die Unternehmen in diesen Ländern den Wettbewerb mit den kapitalstarken Unternehmen der Exportnationen, und die westlichen Industrieländer drängten auf eine Liberalisierung des Welthandels und einen Abbau der Handelshemmnisse.

Heute drängen die kleinen und wirtschaftsschwachen Länder auf einen Zugang zu den großen Märkten der Industrienationen. Ein wesentlicher Grund für diesen Wandel liegt darin, daß die Unternehmen zunehmend in den Ländern investieren, in denen die Löhne niedrig sind, in denen sie weniger Steuern und Abgaben zahlen und in denen sie Absatzmärkte entwickeln. Die Regierungen der Entwicklungs- und Schwellenländer haben begriffen, daß sie ausländisches und heimisches Kapital fair behandeln müssen, wenn sie wollen, daß in ihren Ländern investiert wird. Statt Erträge zu konfiszieren oder ganze Unternehmen zu enteignen, sind diese Länder zunehmend dazu übergegangen, Investitionsschutzabkommen abzuschließen und den Unternehmen ein hohes Maß an Sicherheit zu bieten. Hinzu kommt, daß einige Schwellenländer die Ausbildung wesentlich verbessern und daß die Sparbereitschaft in diesen Ländern z. T. erheblich größer ist als beispielsweise in Deutschland. Daraus ergibt sich, daß das Sachkapital nicht mehr automatisch in den westlichen Industrieländern, sondern zunehmend auch in anderen Ländern gebildet und investiert wird.

B. Konsequenzen der Globalisierung

Zur Beurteilung der Globalisierung und des damit verbundenen beschleunigten Strukturwandels gehört die Einsicht, daß es Gewinner und Verlierer gibt. Trotz der Erfahrungen aus anderen Phasen des schnell wachsenden Welthandels, daß mit der Globalisierung der Wohlstand für die Gesellschaft insgesamt – also in allen beteiligten Ländern - steigt, ist einzuräumen, daß einzelne Unternehmen vom Markt verdrängt, bestimmte Tätigkeiten nicht mehr nachgefragt werden und Arbeitnehmer ihren Beruf aufgeben müssen, ohne möglicherweise wieder eine gleichwertige Beschäftigung zu finden. Das gibt es zwar in jeder dynamischen Wirtschaft, aber der beschleunigte Strukturwandel verlangt größere Anpassungen von den Unternehmen und Arbeitnehmern.

I.

1. Höheres Wachstum und steigender Wohlstand

Die Öffnung der "Zweiten Welt" und der Entwicklungs- und Schwellenländer bieten die Möglichkeit, das Kapital dort einzusetzen, wo es am dringendsten benötigt wird, wo es die höchsten Renditen erbringt. Damit hat sich für die Industrieländer die Relation von Kapital und Arbeit verändert, d. h. das Risikokapital (Anlagen, Maschinen, Gebäude, Infrastruktur) ist knapper geworden, weil mehr Länder sich um solche Investitionen bemühen. In Ostdeutschland wurde nach dem Fall der Mauer an den verfallenen Fabriken und Wohnungen unmittelbar sichtbar, wie wenig Sachkapital dort vorhanden war. Völlig selbstverständlich ging man davon aus, daß es hier einen großen Nachholbedarf bei den Investitionen in die Infrastruktur, in die Produktionsanlagen und in die Wohnungen gab. In den letzten zehn Jahren wurde hier der Einsatz von Kapital pro Arbeitskraft bzw. pro Einwohner bereits kräftig erhöht.

Das Beispiel Ostdeutschland gibt eine gute Anschauung für den Kapitalhunger in vielen anderen Ländern. Man denke nur an die unmittelbaren Nachbarstaaten in

Mittel- und Osteuropa oder an die Nachfolgestaaten der ehemaligen Sowjetunion. Die Nachfrage nach Kapital ist stark gestiegen, und zwar die Nachfrage nach Risikokapital. Deshalb werden die Kapitalrenditen hoch bleiben. Umgekehrt werden die Löhne für die vergleichsweise reichlich vorhandenen Arbeitskräfte nur langsam steigen. Diese Verschiebungen, die mit der Globalisierung verwoben sind, haben auch für die westlichen Länder die wirtschaftlichen Bedingungen verändert. Die Kapitalausstattung und damit die Produktivität der Arbeitnehmer in diesen Ländern wird nicht mehr so stark wachsen wie in der Vergangenheit, insbesondere dann nicht, wenn die Chancen der Globalisierung nicht aktiv genutzt werden und – das ist auf jeden Fall hinzuzufügen – wenn die internen, selbstverschuldeten Hemmnisse für eine höhere Beschäftigung nicht abgebaut werden.

Für die Schwellenländer und selbst für einige Entwicklungsländer bietet die neue Entwicklung die große Chance, aus eigener Kraft einen Wachstumsprozeß in Gang zu setzen und die Einkommen der Menschen zu erhöhen. Die gestiegene Kapitalmobilität und die weltweite Vernetzung der Unternehmensstandorte erlauben es, den Standortvorteil der reichlich vorhandenen Arbeitskräfte besser zu nutzen. Die Vereinbarungen des GATT und der Welthandelsorganisation WTO unterstützen den Prozeß, indem Handelshemmnisse immer weiter abgebaut werden.

Die traditionellen Industrieländer können ebenfalls von der verstärkten Arbeitsteilung profitieren. Am deutlichsten spüren das die Konsumenten, die auf ein immer breiteres und preisgünstigeres Warenangebot zurückgreifen können. So unbequem der Wettbewerb für die Unternehmen ist, so sehr kommt er den Konsumenten zugute. Allerdings müssen sich die Industrieländer konsequent dem Strukturwandel stellen und dem Druck widerstehen, strukturkonservierende Subventionen zu gewähren, wie dies noch in großem Stil in der Landwirtschaft, der Kohlewirtschaft, dem Schiffbau usw. geschieht. Die Vorteile des Wettbewerbs für die Konsumenten sind besonders spektakulär im Bereich der Telefondienste sichtbar geworden.

II. Verstärkter Wettbewerb auf den Arbeitsmärkten

Durch die verbesserten Transport- und Kommunikationsbedingungen sind die Arbeitsmärkte "zusammengerückt", so daß insbesondere der Wettbewerb zwischen Arbeitnehmern mit geringer Qualifikation zugenommen hat. Wie erwähnt, erfaßt der verstärkte Wettbewerb auch gut ausgebildete Arbeitnehmer und Selbständige. Da insgesamt vergleichsweise mehr Kapital in andere Länder fließt, muß in den Industriestaaten tendenziell damit gerechnet werden, daß die Löhne pro Arbeitsstunde nicht stark steigen, möglicherweise sogar stagnieren. Das bedeutet nicht, daß die Einkommen ebenfalls stagnieren müßten. Aber unter den gegebenen Bedingungen erfordert ein steigendes Einkommen einen höheren Arbeitseinsatz, also eine Verlängerung der Arbeitszeiten statt einer Verkürzung, oder mehr Humankapital, also eine bessere Ausbildung.

Drastisch verändert haben sich in Deutschland die Bedingungen für die Tarifpolitik der Gewerkschaften und Arbeitgeberverbände. Immer weniger Unternehmen sind bereit, für niedrige Löhne zu kämpfen und einen teuren Streik zu riskieren. Für sie ist es wichtiger geworden, bestehende Aufträge nicht zu gefährden und Kunden zu halten. Falls die Löhne wirklich zu hoch ausfallen, reagieren sie darauf immer flexibler mit einer Ausgliederung von Produktionsteilen, einer Verlagerung der Produktion einzelner Produkte oder ganzer Betriebe in Länder mit geringeren Lohnkosten.

Damit haben sich die Fronten im Arbeitskampf verlagert. Eine aggressive Lohnpolitik der Gewerkschaften trifft immer weniger die Unternehmen. Sie richtet sich vielmehr gegen die Arbeitsuchenden und gegen Arbeitnehmer, deren Arbeitsplätze gefährdet sind. Die Zeit der starken Tarifparteien nähert sich dem Ende.

III. Sozialsysteme im Wettbewerb

Nicht nur das Kapital ist mobiler geworden, sondern auch die Arbeitnehmer. In der Europäischen Union besteht volle Freizügigkeit. Die Möglichkeiten, in anderen Ländern zu arbeiten und zu leben haben sich wesentlich verbessert. Das bleibt nicht ohne Folgen für die Sozialsysteme. Einzelne Wissenschaftler vertreten die These, daß es in absehbarer Zeit keine Unterschiede in den Sozialsystemen mehr geben und daß sich die soziale Absicherung auf einem sehr viel niedrigeren Niveau als in Deutschland üblich einpendeln wird.

Tatsächlich ist die Abgabenlast aufgrund der hohen Beiträge zu den Sozialsystemen mit insgesamt 42 Prozent der beitragspflichtigen Einkünfte sehr hoch. Aber nicht so sehr die Höhe der Beitragslast, als vielmehr der Umfang, in dem ein Teil der Bürger zu einem Solidarbeitrag zugunsten der übrigen Bürger herangezogen wird, bringt Probleme mit sich. Für eine sozialpolitisch motivierte Umverteilung durch den Staat muß es Menschen geben, die bereit sind, diese Mittel aufzubringen. Da diese Belastung eine steuerähnliche Wirkung hat und sich zu den allgemeinen Steuern addiert, wird ein Teil der Bürger versuchen, sich einer besonders hohen Belastung zu entziehen. Dafür gibt es Möglichkeiten, z.B. in grenznahen Regionen und über große Unternehmen, aber grundsätzlich auch durch Abwanderung, die im Zuge der Globalisierung leichter genutzt werden können. Andererseits ist zu begrüßen, daß endlich auch die Sozialsysteme sich aus diesen Gründen einem internationalen Wettbewerb stellen und ein besseres Preis-Leistungs-Verhältnis bieten müssen.

IV. Verringerte Handlungsspielräume der Politik

Nicht nur innerhalb der Sozialsysteme sondern ganz allgemein wird es schwerer für einen Staat, Einkommen zwischen den Bürgern umzuverteilen. Die Bürger können ihren Widerstand gegen als zu hoch empfundene Steuern und Abgaben nicht nur durch ein Ausweichen auf abgabenlastfreie Tätigkeiten oder mehr

Freizeit, sondern zunehmend auch durch ein Ausweichen auf andere Länder durchsetzen.

Die Unternehmen bewegen sich in einer globalisierten Welt viel selbstverständlicher. Die Diskussion um eine große Steuerreform in Deutschland ist zu einem erheblichen Teil von Unternehmen erzwungen worden, die ihren Standort auch nach der Höhe der Kosten auswählen. Länder mit einer hohen Steuerlast haben es schwer, Unternehmen zu halten und Investitionen anzuziehen. Allmählich lernen die Politiker, daß es nicht möglich ist, in größerem Umfang Mittel von Unternehmen auf Arbeitnehmer oder allgemein auf Haushalte umzuverteilen.

Sind also die Klagen der Politiker über verringerte Handlungsmöglichkeiten berechtigt? Brauchen wir ein koordiniertes Vorgehen der Regierungen möglichst aller Länder in der Sozialpolitik und in der Steuerpolitik? Die Wirkungen des globalen Wettbewerbs um Investitionen lassen den nationalen Regierungen in der Tat kaum einen Handlungsspielraum bei der Besteuerung von Unternehmen.

Im Grenzfall besteht keine Möglichkeit, Kapitalerträge im nationalen Alleingang stärker zu besteuern als in anderen Ländern. Würde beispielsweise versucht, Kapitalerträge zusätzlich mit 10 Prozent Steuern zu belasten, würden Investoren Kapital abziehen und auf andere Standorte ausweichen. Es würde also weniger investiert, und es entstünden weniger Arbeitsplätze oder es würden Arbeitnehmer entlassen. Zusätzliche Arbeitslosigkeit könnte nur verhindert werden, wenn die Arbeitnehmer sich mit geringeren Löhnen zufrieden gäben. Dadurch würden die zusätzlichen Kosten aufgrund der Steuererhöhung ausgeglichen und die Kapitalrendite vor Steuern würde steigen, nach Steuern bliebe sie unverändert. Im Ergebnis würde aber weniger Kapital eingesetzt als vor der Steuererhöhung. Die Kapitalproduktivität und damit die Rendite vor Steuern würde steigen, weil mehr Arbeit pro Kapitaleinheit eingesetzt würde. Das bedeutet aber, daß letztlich die Arbeitnehmer die Steuererhöhung tragen, sei es in der Form von Arbeitslosigkeit, sei es über Lohneinbußen. Die Lehre daraus heißt: Nur die immobilen Faktoren können wirksam besteuert werden. Und die Arbeitskräfte sind nun einmal weit weniger mobil als das Kapital. Selbstverständlich ist aber auch Kapital nicht vollkommen mobil.

Eine zweite Folgerung heißt: Unternehmen können an einem Standort dann höher besteuert werden als an einem anderen, wenn eine bessere unternehmensspezifische Infrastruktur vorhanden ist. Der Standortwettbewerb kann also wirksam über gute Angebote von Infrastruktureinrichtungen geführt werden. Regierungen und Kommunalverwaltungen werden gezwungen, eine leistungsfähige Infrastruktur bereitzustellen, wenn sie Steuern von Unternehmen einnehmen wollen. Eine Besteuerung ohne Gegenleistung oder bei schlechten Standortbedingungen resultiert mittelfristig aufgrund des intensiven globalen Standortwettbewerbs im Abzug von Unternehmenskapital. In diesem Sinne werden die Steuersysteme durch die Globalisierung in einen harten Wettbewerb gestellt. Man kann auch sagen, die Politiker werden an dieser Stelle durch den

Markt kontrolliert. Sie können die Unternehmen und Bürger immer weniger mit beliebigen Steuern belasten, weil ein Teil der Steuerpflichtigen abwandert. Das Ausweichen in die Schattenwirtschaft verstärkt diesen Druck, hat aber mit der Globalisierung nichts zu tun.

V. Kein Fortschritt bei Umweltproblemen

Für die grenzüberschreitenden Umweltbelastungen, insbesondere bei der Luftbelastung, bietet die Globalisierung keine Entlastung. Im Gegenteil, nationale Umweltschutzmaßnahmen werden durch die Globalisierung eher erschwert, weil Unternehmen, die im nationalen Bereich mit zusätzlichen Auflagen oder Abgaben belastet werden, auf andere Standorte ausweichen, an denen die Umweltstandards geringer sind. Es wird sogar leichter für ausländische Standorte, mit geringen Umweltanforderungen in den Wettbewerb um Unternehmen einzutreten, weil die Nachteile der höheren Umweltbelastung nur zu einem geringen Teil an den Produktionsstandorten anfallen. Zur Lösung von Umweltproblemen sind internationale Abkommen noch wichtiger geworden, weil es in diesem Bereich möglich ist, sich Vorteile auf Kosten anderer Staaten zu verschaffen.

C. Antworten auf die Herausforderung durch die Globalisierung

I.   Globalisierung als Chance begreifen

Globalisierung ist keine Einbahnstraße, d. h. ein Land wird nicht nur mit dem Wettbewerb durch andere Staaten konfrontiert, sondern die Welt öffnet sich auch für das betreffende Land und bietet ungeahnte Chancen für die Unternehmer und Arbeitnehmer. Deutsche Unternehmen haben diese Möglichkeiten in der Vergangenheit intensiv genutzt und zunehmend die ganze Welt als Markt für ihre Produkte gesehen.

Aufgrund der hohen Leistungsfähigkeit der Exportwirtschaft ist es nicht nur gelungen, die nötigen Rohstoffe zu beschaffen, sondern vor allem die MIttel für eine breite Palette an Importgütern zu erwirtschaften. Es gibt keinen überzeugenden Grund daran zu zweifeln, warum die deutschen Unternehmen künftig nicht in der Lage sein sollten, im internationalen Wettbewerb mitzuhalten.

Übersehen oder häufig sogar falsch beurteilt werden die Chancen, preiswerte Güter zu importieren. Mit Begriffen wie Preisdumping, Lohndumping, Sozialdumping usw. wird gegenüber den Importen häufig eine Abwehrposition aufgebaut. Entsprechend werden Importüberschüsse bzw. Leistungsbilanzdefizite negativ beurteilt.

Aber ist das Bild zutreffend, daß ein Land mit Exportüberschüssen – genauer: mit Leistungsbilanzüberschüssen - als besonders leistungsstark dargestellt wird und es von Vorteil ist, "Exportweltmeister" zu sein? Das mag ein Vorteil für Unternehmen und Arbeitnehmer sein, die für den Export produzieren. Für die

Gesellschaft eines Landes bedeutet ein Exportüberschuß aber, daß per Saldo Güter an Ausländer abgegeben werden und der Inlandskonsum sowie die inländischen Investitionen geringer sein müssen als die Inlandsproduktion. Umgekehrt kann ein Land mit einem Importüberschuß mehr konsumieren als aus eigener Produktion möglich wäre. Ein Exportüberschuß macht nur einen Sinn, wenn man mit den Erlösen später mehr Auslandsgüter in Anspruch nehmen kann, also einen Importüberschuß anstrebt.

Wie vorsichtig ein Exportüberschuß zu beurteilen ist, wird auch daran deutlich, daß dieser auf einer negativen Beurteilung des Exportlandes als Produktionsstandort beruhen kann. Wenn inländische Investoren aus dem Land herausgehen und ausländische Investoren das Land meiden, entsteht ein Exportüberschuß – in diesem Fall als Ausdruck der Standortschwäche, der ungünstigen wirtschaftlichen Bedingungen. Das Gegenbeispiel ist zur Zeit in den USA zu beobachten. Das Land hat ein hohes Leistungsbilanzdefizit und gleichzeitig einen starken Zustrom an Auslandskapital. Die Direktinvestitionen in den USA sind kräftig gestiegen und die Beschäftigung steigt – trotz oder gerade wegen des Leistungsbilanzdefizits.

Sehr differenziert sind auch die Dumpingvorwürfe zu beurteilen. Wenn ein portugiesischer Bauunternehmer Arbeitnehmer auf deutsche Baustellen entsendet, wird gerne von Lohndumping gesprochen und behauptet, dadurch würden die deutschen Bürger geschädigt. Das ist aber eine verkürzte und falsche Beurteilung aus der Sicht der deutschen Bauarbeitnehmer und Bauunternehmen.

Aus der Sicht der gesamten inländischen Gesellschaft ist aber zu fragen, welcher Schaden entsteht, wenn portugiesische Arbeitnehmer Häuser zu sehr geringen Löhnen oder im Grenzfall unentgeltlich erstellen. Es muß doch für die Gesellschaft insgesamt ein großer Vorteil sein, wenn portugiesische Arbeitnehmer uns unentgeltlich Wohnungen bauen. Wir hätten einen besonders großen Vorteil, wenn die dafür sonst eingesetzten Bauarbeiter die gewonnene Zeit nutzten, andere Güter zu produzieren. Allerdings – und hier liegt die Ursache für den Widerstand der Bauwirtschaft – haben die deutschen Arbeitnehmer und Unternehmer der Bauwirtschaft keine Garantie, daß sie sofort wieder eine Tätigkeit finden, mit der sie gleich hohe Löhne und Gewinne erzielen können wie vorher mit der Bautätigkeit. Sie könnten zwar aus den Vorteilen der Wohnungsnutzer entschädigt werden, aber das ist nur insoweit sinnvoll, als bestimmte soziale Mindestschwellen unterschritten werden; denn in einer sozialen Marktwirtschaft muß der Anreiz erhalten bleiben, aus eigener Kraft ein befriedigendes Einkommen zu erzielen und bereits im Vorfeld noch Optionen zu suchen, die sich durch einen Strukturwandel ergeben können. Das heißt: Die Vorteile aus dem internationalen Austausch können nur voll ausgeschöpft werden, wenn eine Gesellschaft sich auf einen ständigen Strukturwandel einstellt.

Der globale Lohnwettbewerb – oder genauer: besonders niedrige Löhne in anderen Ländern - sind kein Nachteil, sondern ein Vorteil für das Inland. Für die mit niedrigen Löhnen hergestellten preisgünstigen Importgüter müssen nur wenig inländische Güter (Exporte) abgegeben werden. Im internationalen Wettbewerb werden allerdings auch Unternehmen und Konsumenten aus anderen Ländern die preiswerten Güter kaufen wollen und dadurch für wieder steigende Preise sorgen. Allgemein ist festzuhalten: Durch den internationalen Handel mit preiswerten Gütern entstehen Wohlfahrtsgewinne in allen beteiligten Ländern. Schwierigkeiten kann es für einzelne Branchen und die dort beschäftigten Arbeitnehmer geben, wenn ihre Produkte verstärkt importiert werden und sie sich auf die Produktion anderer Güter umstellen müssen. Trotzdem bleibt für die Nation ein Nettovorteil. Gesamtwirtschaftliche Verluste treten in der Regel nur auf, wenn im Zuge der Globalisierung Kapital abwandert, also insbesondere wenn Staaten und Kommunen versuchen, das Kapital unangemessen zu belasten.

II. Den Systemwettbewerb annehmen

Daß die Sozialsysteme und Steuersysteme durch die Globalisierung unter Wettbewerbsdruck gesetzt werden, sollte nicht beklagt, sondern zum Anlaß genommen werden, die einzelnen Systeme leistungsfähiger zu gestalten. Das heißt vor allem, daß sie von unnötigen Umverteilungsregelungen, also von der gleichzeitigen Belastung und Förderung derselben Personen, und von unnötigen Aufgaben befreit werden. Für die Bürger, die bisher hilflos zusehen mußten, daß die Abgabensysteme immer komplizierter werden und immer stärker ausufern, ist die Globalisierung eine willkommene Hilfe, weil sich die Politik jetzt stärker um die Interessen der Menschen und Unternehmen kümmern muß und die Abgaben nicht beliebig gestalten oder willkürlich erhöhen kann. Ohne diesen äußeren Zwang würden notwendige Reformen der Sozialsysteme und des Steuersystems vermutlich kaum in Angriff genommen.

Man darf es den Politikern nicht durchgehen lassen, sich auf begrenzte Handlungsmöglichkeiten, Abwanderung von Unternehmen als Entschuldigung für eine ungünstige Entwicklung zu berufen. Sie haben es in der Hand, im Wettbewerb mit anderen Staaten eine kluge Politik zu betreiben. Sie müssen den Mut aufbringen, Subventionen und Privilegien einzelner Gruppen abzubauen, um die Last durch Steuern und Abgaben in Grenzen zu halten. Sie müssen dafür sorgen, daß ein faires Verhältnis zwischen Beiträgen und Leistungen der Sozialversicherungen eingehalten wird. Die bequeme Taktik, einzelnen Wählergruppen Vorteile zukommen zu lassen und die Kosten in einem großen Steuer- und Abgabentopf zu verstecken, läßt sich in einer Welt mit global mobilen Investoren und Arbeitnehmern nicht mehr gefahrlos weiter betreiben.

III. Eigeninitiativen stärken

Nicht nur der Staat, vor allem die einzelnen Menschen müssen sich auf die veränderten Bedingungen, die mit dem Begriff Globalisierung verbunden sind, einstellen. Das wird am besten gelingen, wenn sie überlegen, wie sie vom Abbau der Handels- und Dienstleistungshemmnisse, vom erleichterten Zugang zu anderen Ländern und von den neuen Kommunikationsmöglichkeiten Gebrauch machen können. Die wichtigsten Handlungsalternativen, die den einzelnen Menschen zur Verfügung stehen, sind die Bereitschaft und das aktive Bestreben,

- sich auf flexible Arbeitszeiten und unterschiedliche Arbeitsstandorte einzustellen,
- eine gründliche und breit einsetzbare Ausbildung zu absolvieren,
- sich während der beruflichen Tätigkeit um neue Entwicklungen zu kümmern und sich weiter zu qualifizieren,
- zeitweise mehr zu arbeiten, um Vermögen zu bilden, und um sich ein weiteres Einkommensstandbein sowie eine solide Basis für das Ausprobieren neuer Beschäftigungswege bis hin zur Selbständigkeit zu schaffen.

Selbstverständlich hat der Staat eine Vielzahl von Möglichkeiten, das Klima für mehr wirtschaftliche Aktivitäten und mehr Selbständigkeit zu verbessern, den Freiraum für mehr Eigeninitiative auszuweiten und die notwendigen Regeln für solide Sozialsysteme festzulegen. Aber jeder Bürger hat zunächst die Pflicht, seine Möglichkeiten zu nutzen. Positiv gewendet: Jedem Arbeitnehmer, jedem Selbständigen steht es frei, die großen Chancen der Globalisierung auszuschöpfen.

Professor Dr. Johann Eekhoff, Studium der Volkswirtschaftslehre in Saarbrücken, Philadelphia und Bochum, Promotion 1971, Habilitation 1979. Von 1979 bis 1983 Leiter der Planungsgruppe beim Ministerpräsidenten des Saarlandes, von 1983 bis 1991 Leiter der Abteilung Wohnungswesen im Bundesministerium für Raumordnung, Bauwesen und Städtebau, von 1985 bis 1990 Privatdozent und außerplanmäßiger Professor an der Universität Köln von 1990 bis 1994. Danach Staatssekretär im Bundesministerium für Wirtschaft. Seit 1995 Lehrstuhl für Wirtschaftspolitik und Direktor des Instituts für Wirtschaftspolitik, sowie Direktor des Instituts für Wohnungsrecht und Wohnungswirtschaft an der Universität Köln. Mitglied des Kronberger Kreises, wissenschaftlicher Beirat des Frankfurter Instituts Stiftung Marktwirtschaft und Politik und Vorstandsmitglied der Arbeitsgemeinschaft deutscher wirtschaftswissenschaftlicher Forschungsinstitute.

John Sammis

Globalisierung: Eine Analyse aus amerikanischer Sicht

WENN die Staats- und Regierungschefs der G-8-Länder im Juni zu ihrem jährlichen Gipfeltreffen in Köln zusammenkommen, wird eines der wichtigsten Themen auf ihrer Tagesordnung die Frage sein, wie die Folgen der Globalisierung in ihren eigenen Ländern und im internationalen System bewältigt werden können. Während die beispiellosen internationalen Ströme von Kapital, Gütern, Dienstleistungen und Informationen in erheblichem Maße zum weltweiten Wohlstand beigetragen haben, ist die Kritik an der wirtschaftlichen Liberalisierung und Öffnung der Märkte in den Schwellenländern durch die jüngsten Finanzkrisen in Asien, Rußland und anderen aufstrebenden Regionen wieder lauter geworden. In den reicheren Industrienationen hat das rasante Tempo der ökonomischen und technischen Veränderungen die Befürchtungen erhöht, daß die traditionellen Muster des Sozialstaats nicht mehr länger aufrechterhalten werden können und daß der Handel mit den ärmeren Ländern zu einem niedrigeren Lebensstandard führen wird.

Der größte Teil meiner Bemerkungen wird sich heute mit den wichtigsten Elementen der Strategie der Clinton-Regierung zum Umgang mit der Globalisierung beschäftigen. Aber zunächst möchte ich einige allgemeine Äußerungen über die Bedeutung der Globalisierung machen.

Für zeitgenössische Beobachter ist es oft schwierig, selbst dramatische, neue Entwicklungen zu erkennen. Der Wirtschaftshistoriker Douglass North hat einmal festgestellt, daß der Begriff "Industrielle Revolution" erst dann populär wurde, als Arnold Toynbee um 1880 eine Vorlesungsreihe darüber veranstaltete – fast ein Jahrhundert nach ihrem Beginn. Keiner der bekanntesten klassischen Ökonomen – Adam Smith, David Ricardo und Karl Marx – erkannte die eigentlichen Folgen, die die derzeit stattfindenden Veränderungen für das Wirtschaftswachstum und die Entstehung eines Weltwirtschaftsystems haben würden.

Im Rückblick erscheint es selbstverständlich, daß das, was wir heute mit „Globalisierung" bezeichnen, Mitte des vergangenen Jahrhunderts mit der systematischen Nutzung der Wissenschaft zu technologischen Zwecken zuvor nicht gekannte produktive Kräfte freigesetzt hat. Zwischen 1870 und 1914 erlebte die Welt ihre erste große Welle der wirtschaftlichen Integration. Die Entwicklungen in der Telekommunikation und im preiswerten Seeverkehr machten das schnelle Anwachsen des Welthandels und der internationalen Kapitalmärkte möglich. Keine der führenden Volkswirtschaften heute ist annähernd so offen, wie Großbritannien es vor dem Ersten Weltkrieg war. Erst in den 70er Jahren erreichte der Welthandel als Teil des Bruttosozialprodukts wieder eine Höhe vergleichbar mit der vor 1914.

In einem berühmten Kapitel seines 1919 geschriebenen Buches "The Economic Consequences of the Peace" (Die wirtschaftlichen Auswirkungen des Friedens) beschreibt John Maynard Keynes die Welt, die man hinter sich gelassen hatte:

Was für eine außerordentliche Episode des menschlichen Fortschritts war es, die im August 1914 zu Ende ging. Der Bewohner von London war in der Lage, per Telefon die verschiedensten Produkte der gesamten Erde zu bestellen, und mit ihrer Lieferung innerhalb kürzester Zeit zu rechnen. Er konnte es wagen, sein eigenes Vermögen in Rohstoffe oder neue Unternehmen in jedem Teil des Globus anzulegen und dabei ohne große Anstrengungen oder Sorge an damit zu erwartenden Erträgen teilhaben...Er konnte, wenn er es wünschte, billige und komfortable Transportmöglichkeiten in jedes Land oder jede Klimazone für sich in Anspruch nehmen ohne Paß oder weitere Formalitäten. ... Und wichtiger als alles andere, er sah diesen Zustand als normal, sicher und permanent, und wenn, dann nur in die positive Richtung veränderbar, an. Die Projekte und Politik des Militarismus und Imperialismus, der völkischen und kulturellen Rivalitäten, die die Schlange im Paradies werden sollten, schien fast keinen Einfluß auf das tägliche soziale und wirtschaftliche Geschehen zu haben, das in der Praxis schon fast vollständig internationalisiert war.

Das nächste Vierteljahrhundert bewies, daß die Entwicklung in Richtung einer blühenderen, integrierteren Weltwirtschaft noch weit davon entfernt war, selbstverständlich zu sein – genau wie Keynes befürchtet hatte. Die Architekten der amerikanischen Außenwirtschaftspolitik nach dem Zweiten Weltkrieg spürten, daß Sicherheit und Wohlstand unauflösbar miteinander verbunden waren. Mit Bretton Woods und dem Marshall-Plan – und in enger Zusammenarbeit mit unseren westeuropäischen Verbündeten – legten sie den Grundstein für die engeren regionalen und globalen Wirtschaftsverflechtungen des letzten halben Jahrhunderts. Diese zweite bedeutende Phase der Globalisierung hat in Europa und Amerika zu nachhaltigem Wirtschaftswachstum geführt und den wirtschaftlichen Wohlstand auf neue Teile der Welt ausgedehnt.

Ein kurzer Rückblick auf die Globalisierung in historischer Perspektive erteilt drei Hauptlektionen. Erstens, Globalisierung ist nicht einfach ein Produkt der Zeit nach Ende des Kalten Krieges. Es ist ein tiefgreifendes und dauerhaftes Phänomen mit tiefen historischen Wurzeln. Zweitens wird das zunehmende Tempo der technischen Veränderungen in den vergangenen Jahrzehnten die effektive Größe der Märkte weiter erhöhen und neue Möglichkeiten für eine engere weltweite Wirtschaftsintegration schaffen. Wir stehen vielleicht nicht am Anfang der derzeitigen Globalisierungswelle, aber die Revolution der Informationstechnologie deutet an, daß wir noch weit davon entfernt sind, selbst unsere jetzigen technologischen Grenzen auszuschöpfen. Drittens und letztens hat die Vergangenheit gezeigt, daß Globalisierung kein autonomer, selbst-erhaltender Prozeß ist, sondern von der Zusammenarbeit auf höchster Ebene zwischen den einzelnen Nationalregierungen abhängt. Dies geschieht sowohl durch die

Festlegung geeigneter internationaler Spielregeln wie auch durch den effektiven Umgang mit der eigenen Wirtschaft.

Als das „Herz" der Weltwirtschaft spielen Europa und Nordamerika eine bedeutende Rolle in der Erhaltung der Vorteile der Globalisierung. Während unsere Unternehmen auf bestimmten Märkten in scharfer Konkurrenz zueinander stehen, sind unsere Volkswirtschaften so eng miteinander verflochten, daß wir entweder gemeinsam vorwärtskommen – oder überhaupt nicht. Dies bedeutet nicht, daß wir dieselben innenpolitischen und gesellschaftlichen Lösungen für die Herausforderungen der nächsten Phase der Globalisierung finden müssen. Aber wir müssen uns die Erfolge und Mißerfolge des anderen als Teil einer „Transatlantischen Lerngemeinschaft" genau anschauen. Ein gesunder Wettbewerb zwischen den verschiedenen nationalen Wirtschaftsmodellen ist so lange erwünscht, wie er mit der Kooperation durch starke multilaterale Regeln und Institutionen verbunden ist.

Globalisierung: Die amerikanische Perspektive

Die Clinton-Regierung sieht die Nutzung der Globalisierungskräfte zum Vorteil aller Nationen als eine ihrer zentralen Prioritäten in der Außenpolitik an. In der Tat wird dieses Ziel die US-Politik in der ersten Hälfte des 21. Jahrhunderts in der gleichen Weise beeinflussen wie unsere Bemühungen, dem Kommunismus Einhalt zu gebieten, die letzte Hälfte des 20. Jahrhunderts beeinflusst haben.

Weltweit ist die Öffnung von ehemals abgeschotteten Ländern und unerschlossenen Märkten vielen Nationen zugute gekommen. Trotz der gegenwärtigen Krise sind die Reallöhne in den Entwicklungsländern immer noch 50 Prozent höher als vor 15 Jahren. In den letzten 20 Jahren wurde in Asien die Armutsquote halbiert und mehr als 350 Millionen Menschen von Not und Hoffnungslosigkeit befreit.

Die globale Wirtschaftskrise demonstriert jedoch, daß dieselben globalen Kräfte, die Länder und Völker verändern, auch echte Herausforderungen stellen. Die Ursachen, obwohl jetzt gut bekannt, sind vielfältig, komplex und verflochten: der Abfluß von inländischem und ausländischem Kapital, übermäßige kurzfristige Kreditaufnahmen in ausländischen Währungen, Vetternwirtschaft, Korruption und ein Mangel an finanzieller Transparenz sowie an notwendigen rechtlichen und regulatorischen Rahmen.

Die politischen Folgen waren tiefgreifend und haben führende Regierungsmitglieder in Thailand, Japan und später Rußland von der Macht gestürzt. Sogar Indonesiens Präsident Suharto, der seit mehr als 30 Jahren das Land regierte, wurde innerhalb weniger Wochen vom Amt abgesetzt.

In Lateinamerika sind die Erfolge, die nach dem "verlorenem Jahrzehnt" der 80er Jahre erzielt wurden, wieder gefährdet. Nach einem Wachstum von 5 Prozent im Jahr 1997 ist das regionale Wachstum in Lateinamerika 1998 auf 2 Prozent geschrumpft. In diesem Jahr wird erwartet, daß es auf Null sinken wird. Auch Afrika ist betroffen. Die Preise für viele der afrikanischen Hauptexportgüter sind gefallen. Somit wird es schwer werden, die jüngsten Wachstumssteigerungen fortzusetzen.

Die Ereignisse in Asien haben wir auch in den Vereinigten Staaten gespürt. Unsere Börsen haben mit starken Schwankungen auf die Finanzkrisen in Rußland und Brasilien reagiert. Einige wichtige Industriezweige, wie z.B. Weizenproduktion und Flugzeugbau, haben Aufträge aus dem Ausland durch Stornierungen verloren. Andere Sektoren, wie die Stahlproduktion, haben einen starken Anstieg der Stahlimporte erlebt. Während wir in den Vereinigten Staaten sicherlich weiter das Ziel der Handelsliberalisierung verfolgen müssen, sollten wir uns aber auch bemühen, den heimischen Konsens, der die Handelsliberalisierung untermauert, zu erhalten. Auch Europa ist mit schwächerem Wachstum konfrontiert, was sich auf die Unterstützung für die globale wirtschaftliche Integration auswirken könnte.

Kurz gesagt, die Finanzkrise könnte Widerstände gegen die Globalisierung mobilisieren. In den Entwicklungsländern ist unsere größte Sorge die, daß die Mittelschicht durch die Krise verarmt. Diese Mittelschicht war das Rückgrat der Demokratisierung und der Wirtschaftsreformen in Ländern wie Korea, Taiwan, den Phillipinen und großen Teilen Lateinamerikas.

Das Potential der Entwicklungsländer zu entfesseln ist wichtig für die Zukunft der globalen Wirtschaft. Diese Länder bieten uns nicht nur neue und unerschlossene Märkte, sie sind auch unerlässlich als Partner im Kampf gegen globale Probleme wie Rüstungskontrolle und Klimaveränderung.

Darüber hinaus müssen wir verhindern, daß die Armen dieser Länder weiter an den Rand der Gesellschaft gedrängt werden. Einigen Schätzungen zufolge hat sich das Ungleichgewicht im Einkommensverhältnis zwischen den 20 Prozent der reichsten und den 20 Prozent der ärmsten Bevölkerung der Welt zwischen 1960 und 1990 verdoppelt.

Aus diesem Grund verstärken die Vereinigten Staaten ihre Bemühungen, mit der Hilfe von internationalen Finanz- und Handelsorganisationen auf bilateraler und multilateraler Ebene zu gewährleisten, daß die Vorteile der Globalisierung so breit wie möglich verteilt werden.

Präsident Clintons Schuldeninitiative, die am 16. März verkündet wurde, spiegelt die Entschlossenheit der US-Regierung wider, die Vorteile der Globalisierung besonders für die Ärmsten zu verbreitern und zu vertiefen. Das historische US/Afrika-Ministertreffen vor vier Wochen ist ein weiteres Zeichen unserer Verpflichtung, Afrika und die übrigen Entwicklungsländer vollständig in die globale Wirtschaft zu integrieren.

Wir müssen uns aber auch gegen Rückschläge in den USA selbst schützen. Das Scheitern der *Fast Track*-Gesetzgebung 1997 sowie die Schwierigkeiten bei der Verabschiedung der Finanzmittel für den IWF im letzten Jahr deuten auf ein starkes Maß an Skepsis in der amerikanischen Öffentlichkeit hin. Innerhalb der OECD wurden Bemühungen, ein multilaterales Investitionsabkommen zu verhandeln, durch unbegründete Ängste verzögert.

Die Fortentwicklung der WTO beginnt damit, das bestehende Regelwerk zu respektieren. Wir müssen alle Verpflichtungen aus der Uruguay-Runde umsetzen, und wir müssen die Entscheidungen des Streitbeilegungsverfahren akzeptieren.

Die Einhaltung der geltenden WTO-Regeln ist von überragender Bedeutung für uns. Zwei Streitbeilegungsverfahren, die über hormonbehandeltes Rindfleisch und über Bananen, sind zu ungunsten der EU ausgegangen. Die EU als eine der großen Blöcke im multilateralen Welthandelssystem hat die Pflicht, diese Entscheidungen des Streitbeilegungsgremiums anzuerkennen und sie entsprechend umzusetzen.

Ich darf in diesem Zusammenhang darauf hinweisen, daß in letzter Zeit zwei Entscheidungen des Streitbeilegungsgremiums gegen die USA ergangen sind. In beiden Fällen haben wir die Entscheidungen der WTO fristgerecht und in Abstimmung mit den Handelspartnern umgesetzt. Wir sind zum Kongreß gegangen und haben eine Änderung unserer Gesetze erwirkt.

Wer Washington kennt, kann verstehen, daß eine derartige WTO-konforme Verhaltensweise innenpolitisch immer schwerer durchzusetzen sein wird, wenn unser wichtigster Handelspartner, die EU, sich nicht ebenso WTO-konform verhält.

Trotz der vielversprechenden Anzeichen einer finanziellen Stabilisierung in Thailand, Südkorea und Indonesien werden im nächsten Jahr die schwierigen wirtschaftlichen Bedingungen in vielen Entwicklungsländern die Globalisierungsängste weiter schüren.

In dieser Situation müssen wir uns vor protektionistischen Tendenzen in Acht nehmen. Wir sollten aber auch nicht die unleugbaren Risiken, die mit einer globalen Wirtschaft zusammenhängen, ignorieren. Die Frage heute ist, wie man die Globalisierung einsetzen kann, um maximale Vorteile für alle Beteiligten zu erreichen.

Die Clinton-Regierung erarbeitet und implementiert ein neues Paradigma: die Förderung wirtschaftlicher Offenheit und Liberalisierung — Prinzipien die schon seit Jahrzehnten zur amerikanischen Politik gehören — und das gleichzeitige Bemühen, die Kosten der Veränderung und der Umwälzungen zu reduzieren. Lassen Sie mich fünf Hauptelemente dieser Strategie erläutern:

Erstens: Wir müssen das Vertrauen in das globale Finanzsystem wiederherstellen. Dieses bedeutet vordringlich, jenen Ländern zu helfen, die durch die Wirtschaftskrise geschädigt worden sind, und dort kräftiges, dauerhaftes Wachstum wiederzubeleben. In einem Klima von Wachstum und neuen Möglichkeiten werden diese Länder verständlicherweise offener für die Vorteile der Globalisierung sein. Solide makroökonomische Politik und heilsame Strukturreformen müssen am Anfang stehen.

Es ist außerordentlich wichtig, daß wir neue Wege für eine Reform der globalen Wirtschafts- und Finanzarchitektur finden, insbesondere auf dem diesjährigen Gipfel in Köln.

Die US-Regierung prüft alle vernünftigen Optionen, um die langfristigen Folgen der Krise zu bewältigen und um Impulse für Wachstum, Demokratisierung und soziale Entwicklung zu erhalten -- die Grundsteine für Frieden und Wohlstand für alle.

Zusätzlich zu einer verbesserten Politik in den Entwicklungsländern müssen wir neue Wege finden, um industrielle Geldgeber und Investoren zu größerer Sorgfalt zu bewegen. Wir müssen auch den gemeinsamen Anstrengungen für den Aufbau von Kapazitäten und sozialer Infrastruktur in den Entwicklungsländern verstärkte Bedeutung beimessen und besonders solche Strukturreformen unterstützen, die gute Regierungsformen (*good governance*) und offene, diskriminierungsfreie Märkte fördern.

Während wir an diesen Reformen arbeiten, ist es wichtig, daß wir mit den neuen Märkten in Kontakt stehen. Sie müssen ein ökonomisches Interesse an den Reformen haben und die Gewißheit erhalten, daß die Globalisierung langfristig in ihrem wirtschaftlichem Interesse sein wird.

Vor einigen Wochen war Deutschland Gastgeber einer Gruppe von Finanzministern und Zentralbankpräsidenten aus 33 Nationen, die Vorschläge für den G-7 Gipfel in Köln besprochen haben und den Prozess, mehr Stimmen in die Debatte zu bringen, expandiert haben. Im April wird sich eine solche Gruppe aus demselben Grund in Washington treffen.

Wir müssen auch sicherstellen, daß die ärmsten Länder nicht noch weiter zurückfallen. Wir begrüßen daher die G-7 Vorschläge für eine Erweiterung des IWF-Programms für hochverschuldete Entwicklungsländer. Die Vorschläge des amerikanischen Präsidenten werden darüberhinaus zusätzliche und schnelle Erleichterungen für eine große Anzahl Länder, die wirksame Reformprogramme implementiert haben, bereitstellen. Der Präsident verfolgt das Prinzip, daß außergewöhnliche Schuldenerleichterung den Ländern gewährt wird, die auch außergewöhnliche Anstrengungen unternehmen, um ökonomische, soziale und demokratische Reformen umzusetzen.

Zweitens: Wir müssen die Bemühungen der Entwicklungsländer fördern, in ihr Volk und ihre Institutionen zu investieren, damit sie die Erfolge des wirtschaftlichen Wachstums auf breiter Basis mit ihnen teilen und ferner ein offenes, auf Rechtsstaatlichkeit beruhendes politisches System aufrechterhalten können.

Junge Demokratien und Märkte müssen große Herausforderungen bestehen. Die Bürger müssen darauf vertrauen können, daß sie in Zeiten wirtschaftlicher Krisen, die durch globale Veränderungen ausgelöst werden, durch ein soziales Netz aufgefangen werden. Das Fehlen eines solchen Netzes würde die Finanzkrise in Asien verschärfen und die Kaufkraft weiter reduzieren.

Der schwierige wirtschaftliche Übergang, der oft durch Reformen entsteht, hat keine Aussicht auf Erfolg, wenn die Schwächsten der Bevölkerung gezwungen sind, die schwersten Konsequenzen zu tragen. Es wird aber mehr als ein Sicherheitsnetz verlangt. Schwellenländer müssen in die Entwicklung ihres Humankapitals investieren, um effektiver auf dem globalen Markt konkurrieren zu können.

Eine Vielzahl von Maßnahmen muß getroffen werden, wie z.B.: die Verbesserung der allgemeinen Schulbildung und Ausbildungsmöglichkeiten, der breite Zugang zu Informationen über die globalen Märkte, die Schaffung kosteneffektiver öffentlicher Transportmittel und öffentlicher Versorgungsbetriebe, hohe Arbeits- und Umweltstandards, und eine engagierte Beteiligung aller Sektoren am politischen Prozess.

Die USA unterstützen die Bemühungen der Weltbank und des IWFs, Länder bei der Integration des sozialen Netzes und des finanziellen Stabilitätsprogramms behilflich zu sein. Die Weltbank entwickelt einen Sozialkodex für Entwicklungsländer.

Ebenfalls außerordentlich wichtig sind Initiativen, die das Tempo der Unternehmens- und Finanzmarktumstrukturierungen erhöhen, um Entwicklungshilfe durch bilaterale und multilaterale Institutionen zu verbessern, und um Handels- und Investitionsmöglichkeiten für Entwicklungsländer zu expandieren. Sie müssen höchste Priorität für die internationale Gemeinschaft haben.

Drittens: Entwicklungsländer benötigen Hilfe beim Ausbau ihrer institutionellen Kapazitäten, um dadurch von den großen Kapitalströmen zu profitieren. In Verbindung mit einer entsprechenden fiskalischen und geldpolitischen Orientierung liegt der Schlüssel für viele dieser Entwicklungsländer in der verbesserten Regulierung und Aufsicht ihrer Finanzinstitute, in einer größeren Transparenz und einer verbesserten Unternehmenskontrolle. Sie können dieses nicht alleine schaffen und brauchen die Hilfe der Industrieländer, der internationalen Finanzinstitute und des Privatsektors.

Um dies zu erreichen, müssen wir die Einführung hoher Standards für die Bankenaufsicht, die Eigenkapitaldeckung und die Unternehmenskontrolle unterstützen.

Die Vereinigten Staaten sollten Vorreiter sein in der Etablierung globaler Maßstäbe für Buchführung, Haushaltstransparenz, Kreditvergabe, Körperschaftskontrolle, öffentliche Auftragsvergabe und andere Bereiche.

Richtig implementiert, können diese Verbesserungen einen großen Beitrag leisten, um das Vertrauen der internationalen Investoren zu gewinnen und gleichzeitig den Ländern helfen, die großen Kapitalströme — ein wichtiges Element in der heutigen integrierten Weltwirtschaft — zu bewältigen.

Viertens: Wir müssen eine globale Kampagne für die Einhaltung internationaler Maßstäbe der *good governance* starten. Regierungskorruption untergräbt nicht nur die Unterstützung für Regierungsinstitutionen, sondern auch für Demokratie und breit angelegte Wirtschaftsreformen.

Die OECD-Konvention über die Bekämpfung von Bestechung wurde nach dem Vorbild des amerikanischen Gesetzes über korrupte ausländische Praktiken geschaffen. Sie hat neue, einklagbare Maßstäbe gesetzt für die Strafverfolgung von Bestechungsgeldern als Bedingung für die Vergabe internationaler Aufträge (dies ist die "Angebots-Seite" der transnationalen Korruption). Der US-Senat hat Ende letzten Jahres diese Konvention einstimmig verabschiedet und sie trat vor kurzem in Kraft. Die Bemühungen müssen sich nun auf die "Nachfrage-Seite", insbesondere in den Entwicklungsländern, konzentrieren.

Es ist nicht einfach, der Korruption in Entwicklungsländern und in Gesellschaften die sich im Übergang befinden, ein Ende zu setzen. Regierungsbeamte sind oft ungenügend ausgebildet, schlecht bezahlt und unterliegen keiner unabhängigen Aufsicht. Eine starke und unabhängige Gerichtsbarkeit sowie offene und transparente Regierungen setzen letztlich eine entschlossene Verpflichtung dieser Länder voraus. Die USA sind bereit, mit ihnen zusammenzuarbeiten. Dieses war ein Hauptziel des *Global Forum on Anti-Corruption* des Vizepräsidenten und wird ein wichtiges Anliegen des *State Department* in den kommenden Jahren sein. Die US-Regierung arbeitet auch mit Mitgliedern der *Global Coalition for Africa* an Grundsätzen, die sich zu einer regionalen Anti-Korruptionskonvention entwickeln könnten.

Das wichtigste Ziel ist schließlich, daß alle Nationen nach Wachstum, freiem Handel und freien Märkten streben.

Der relativ freie Verkehr der Güter und Dienstleistungen ist heute mehr denn je der vernünftigste und klügste Weg, um zukünftiges Wirtschaftswachstum zu fördern.

Innerhalb den Vereinigten Staaten müssen wir mehr tun um allen Amerikaner bewußt zu machen, daß die besondere wirtschaftliche Leistung der Clinton-Regierung durch unsere bereitwillige Annahme der offenen Märkte und der globalen Wirtschaft zustande kamen. Der Außenhandel trägt insgesamt 15 Prozent zum Bruttoinlandprodukt bei und ist verantwortlich für einen Großteil unseres bemerkenswerten Zuwachses an Arbeitsplätzen.

Die steigende Flut des Protektionismus wird durch unser Handelsdefizit verschärft, das 1999 mit Sicherheit die 170 Milliarden US-Dollar von 1998 übersteigen wird. Wir müssen und werden der Welt zeigen, daß wir uns nicht dem Protektionismus beugen werden.

Dies ist auch die Botschaft, die Präsident Clinton mit seiner Aufforderung zu einer neuen Handelsrunde beim WTO-Ministertreffen in Seattle verkündet hat. Unsere Prioritäten sind weiterhin die stärkere Liberalisierung und der erleichterte Marktzugang für Agrar-, Dienstleistungs-, und Industriegüter sowie der verbesserte Schutz für geistiges Eigentum.

Präsident Clinton wird sich weiterhin bemühen, das *Fast Track* - Verhandlungsmandat, das für die Öffnung neuer Märkte für US-Produkte unerläßlich ist, zu erhalten. Ebenfalls unverzichtbar ist die Förderung zusätzlicher handelsliberalisierender Maßnahmen wie die Freihandelszone der amerikanischen Länder – die unseren Nachbarn im Süden die gleiche Behandlung wie den NAFTA-Unterzeichnern gewährt; eine langfristige Verlängerung des Präferenzsystems GSP – das Entwicklungländern bestimmte Zollvorteile einräumt; eine stärkere Kooperation mit den APEC- Ländern; und der Beginn einer *New Economic Partnership* mit Afrika.

Die amerikanische Regierung wird ihre Anstrengungen fortsetzen, den freien Handel in einigen Schlüsselindustrien, wie z.B. dem Lufttransport, zu fördern. Die USA haben zahlreiche *Open Skies* Abkommen weltweit abgeschlossen und demonstriert, daß offene Märkte den Verbrauchern aller Länder Vorteile bringen. Wir haben bis heute 32 *Open Skies* Abkommen – viele davon mit Entwicklungsländern – und werden uns um weitere Abkommen bemühen.

Die Globalisierung ist nicht mehr wegzudenken. Wir müssen aber auch zeigen, daß offene Märkte und hohe Standards sich ergänzen. Das Ziel ist mit der Öffnung der globalen Wirtschaft noch nicht erreicht. Sie ist der Weg zu neuen Möglichkeiten und Wohlstand. Die Beweise liegen auf der Hand: während die Länder die Vorteile ihrer verbesserten wirtschaftlichen Leistungen ernten, verlangt ihre Bevölkerung nach verbessertem Umweltschutz, höheren Arbeitsstandards, verbesserter Bezahlung und mehr Demokratie.

Es wäre ein gravierender Fehler, die politischen und wirtschaftlichen Turbulenzen, die durch den internationalen Handel and offene Märkte zum Teil verursacht werden, zu ignorieren. Während wir unseren Weg aus der gegenwärtigen

Finanzkrise suchen, muß es unser beständiges Ziel sein, daß alle Völker an den Vorteilen der Globalisierung teilhaben.

> **John Sammis** ist als Botschaftsrat seit 1998 Leiter der Wirtschaftsabteilung der Amerikanischen Botschaft in Bonn. Davor war er Wirtschaftsberater Im Planungsstab des US-Außenministeriums, wo er Außenministerin Madeleine Albright bei der Finanzkrise in Asien beriet. Weitere Stationen seiner diplomatischen Laufbahn waren Mexiko, die DDR und China. Mr. Sammis studierte Europäische Geschichte an der University of Berkeley und an der Universität Göttingen sowie Finanzwissenschaften an der Fletcher School of Law and Diplomacy in Washington, D.C.

Martin Seeleib-Kaiser

Modell, Vorbild oder Mythos Amerika?
Kritische Anmerkungen zu einer komplexen Fragestellung

1. Einleitung

BETRACHTET man die tagespolitischen Debatten Ende der 90er Jahre, so scheint die Auffassung, wonach die US-amerikanische Wirtschaft und Politik Modellcharakter für andere Nationen habe, vielfach zu einem kaum mehr hinterfragten Glaubenssatz avanciert zu sein. In diesem kurzen Beitrag möchte ich den Versuch unternehmen, dieses Credo von unterschiedlichen Perspektiven zu beleuchten. Ziel dieser Vorgehensweise ist es, unterschiedliche Perspektiven zu diskutieren, die die Beantwortung der Frage „Modell, Vorbild oder Mythos Amerika?" erleichtern sollen. Es geht mir also nicht darum, die Frage selbst in hinreichender Art und Weise bzw. abschließend zu beantworten.

2. Modelle im historischen Zeitablauf

Die Frage nach dem *richtigen* Modell oder Vorbild beschäftigt eine Vielzahl von Beobachtern bereits seit längerem. Diese Diskussionen scheinen vielfach mit der ökonomischen Performanz eines Landes zu einem bestimmten Zeitpunkt zu korrelieren. Betrachten wir lediglich die Ökonomien der Bundesrepublik Deutschland, Japans und der Vereinigten Staaten in den vergangenen zwei Jahrzehnten, so ergibt sich folgende Modellabfolge: Ende der siebziger Jahre wurde nicht nur in der Bundesrepublik das von den Sozialdemokraten im Wahljahr 1976 postulierte „Modell Deutschland" diskutiert, sondern auch die internationale wissenschaftliche Diskussion widmete sich der Frage, inwieweit das wirtschaftliche und politische System der Bundesrepublik tatsächlich Modellcharakter für andere Staaten haben kann (vgl. u.a. Markovits 1982). Elementarer Bestandteil dieses „Modell Deutschland" war die sozialintegrative Politik. Heute – 20 Jahre später – herrscht ein breiter Konsens, wonach in der Sozialpolitik Abstriche zu machen sind – nach dominanter Auffassung übersteigen gegenwärtig in der Bundesrepublik Deutschland die sozialpolitischen Kosten ihre Nutzen.

Im Anschluß an das „Modell Deutschland" sprach man in den 80er Jahren häufig vom „Modell Japan" – im internationalen Vergleich niedrige Arbeitslosenzahlen und Erfolge auf den Exportmärkten waren wichtige Indikatoren. *Lean Production* und *Lean State* waren die Schlagwörter, mit denen der Erfolg begründet wurde. Obwohl in Japan die "ökonomische Blase" bereits zum Jahresende 1989 geplatzt war und sich eine langanhaltende Wirtschaftskrise abzeichnete, wurde die Modellhaftigkeit Nippons in Europa und teilweise auch in den Vereinigten Staaten von Amerika noch bis Anfang/Mitte der 90er Jahre diskutiert (vgl. die differenzierte Betrachtungsweise in Foljanty-Jost/Thränhardt 1995).

Nach dominanter Auffassung vieler Beobachter befand sich die US-amerikanische Ökonomie in den 80er und 90er Jahren im Niedergang (*decline*) – kaum jemand, der sich damals mit der politischen Ökonomie der Vereinigten Staaten beschäftigte, konnte dieser Debatte ausweichen. Die Produktivitätszuwächse waren im internationalen Vergleich sehr niedrig, das Schulsystem brachte nicht wettbewerbsfähige Schulabgängerinnen und Schulabgänger hervor und schließlich drohte die Infrastruktur des Landes zu zerfallen.[1] Aber auf magische Art und Weise vermochte es dieses Land binnen weniger Jahre in der öffentlichen Wahrnehmung zum Modell für andere Nationen aufzusteigen (vgl. u.a. Greider 1997: 363). Selbst der US-amerikanische Präsident Bill Clinton ist von der Performanz seines Landes in der zweiten Hälfte der 90er Jahre so überzeugt, daß er die Vereinigten Staaten auf dem Treffen der Staats- und Regierungschefs der G-7-Staaten im Jahr 1997 in Denver zum Modell erklärte (vgl. Baker 1997), obwohl er noch 1992 die ökonomische Entwicklung seines Landes in düsteren Farben gezeichnet hatte (vgl. Clinton/Gore 1993 [1992]).

Bereits die hier vorgenommene Skizzierung macht deutlich, daß sich die Modelldebatten in historisch betrachtet sehr kurzen Zeitabschnitten verändern. Häufig handelt es sich um Selbstverständnisdebatten in den jeweiligen Ländern. Des weiteren kann der Eindruck entstehen, daß es sich bei diesen Diskussionen zum erheblichen Teil um Modeerscheinungen der Publizistik handelt, die, wie bei Moden üblich, nur von begrenzter Dauer sind. Aus einer solchen Perspektive könnte man die gegenwärtig oft sehr emotional geführte Debatte um die Modellhaftigkeit oder den Vorbildcharakter der Vereinigten Staaten sehr gelassen betrachten. Es erscheint plausibel, daß sich bei der nächsten ökonomischen Krise in den USA die Augen der Beobachter erneut stärker auf Europa richten könnten und dann die Vorzüge der politischen Ökonomie diesseits des Atlantiks hervorgehoben würden. Mitunter würde dann die politische Ökonomie der Bundesrepublik Deutschland erneut als Modell für andere Staaten von genau jenen Beobachtern und Kennern gepriesen, die heute die "Verkrustungen" anprangern. Statt die Spekulationen noch weiter zu treiben, werde ich mich im folgenden Abschnitt etwas näher mit den Indikatoren beschäftigen, die häufig als Beleg für die Modellhaftigkeit der Vereinigten Staaten herangezogen werden.

3. Modelle: Eine Frage der Indikatoren?

In den tagespolitischen Debatten werden häufig die ökonomische Wachstumsrate und/oder die Arbeitslosenquote für einen bestimmten Zeitraum als Indikatoren herangezogen. Betrachtet man den Zeitraum von 1992 bis 1998, so haben die Vereinigten Staaten unzweifelhaft die Nase vorn. Während in den USA das durchschnittliche jährliche Wachstum in diesem Zeitraum bei 3,1 Prozent des BIP lag, so betrug der entsprechende Wert in der Bundesrepublik lediglich 1,7 Prozent. Ein sehr instruktiver Artikel des renommiertem Wirtschaftsmagazin *The Economist* zeigt allerdings, daß diese Daten an Aussagekraft verlieren, sofern man

---

[1] Diese Diskussion knüpfte vielfach an die Arbeit des Historikers Paul Kennedy (1989 [1987]) mit dem Titel *Aufstieg und Fall der Großen Mächte* an. Vgl. auch die Arbeiten von Garten (1992) sowie Thurow (1992), die sich explizit mit der Wettbewerbsfähigkeit der Vereinigten Staaten in Relation zu der der Bundesrepublik und Japans auseinandersetzten.

die vergangene Dekade (1989-1998) als Untersuchungszeitraum heranzieht.[2] Während dieses längeren Zeitraums lag das jährliche wirtschaftliche Wachstum in *beiden* Ländern bei etwa 2,5 Prozent. D.h. teilweise lassen sich die besseren durchschnittlichen Wachstumszahlen der Vereinigten Staaten seit 1992 allein darauf zurückführen, daß dort just zu diesem Zeitpunkt – nach mehreren Jahren der Rezession – der ökonomische Aufschwung einsetzte, während die Bundesrepublik fast zeitgleich in eine konjunkturelle Krise geriet. In anderen Worten: Das Auseinanderfallen der Konjunkturzyklen dies- und jenseits des Atlantiks kann zum Teil die bessere Performanz der USA in den letzten Jahren erklären. Setzt man das ökonomische Wachstum in Relation zur Bevölkerung, so stieg das durchschnittliche Pro-Kopf-Wachstum während der vergangenen Dekade in der Bundesrepublik deutlich stärker als jenes in den USA. Bereinigt man allerdings die höhere Wachstumsquote um den positiven Effekt, der von der deutschen Vereinigung ausging, so lagen die Werte erneut auf einem ähnlichen Niveau. Betrachtet man die Produktivität (BIP pro Arbeitnehmer), so lag das Wachstum in der vergangenen Dekade in der Bundesrepublik sogar etwa doppelt so hoch wie jenes in den USA. Im Vergleich dazu liegt bekanntlich das Beschäftigungswachstum während dieses Zeitraums in der Bundesrepublik deutlich unter dem der USA. Betrachtet man hingegen die Einkommensverteilung, so zeigt sich, daß diese in der Bundesrepublik um ein vielfaches ausgeglichener ist als in den Vereinigten Staaten.

Diese Ausführungen sollen nicht mißverstanden werden und dazu dienen, die bundesdeutsche Wirtschaft schön zu reden oder gar erneut von einem "Modell Deutschland" zu sprechen. Vielmehr soll auf zweierlei aufmerksam gemacht werden:

1. Die Auswahl des Untersuchungszeitraums kann die Ergebnisse stark beeinflussen.

2. Die Auswahl der Indikatoren und deren Gewichtung bestimmt maßgeblich die Bewertung der Performanz; sie ist nicht bestimmt durch ein Naturgesetz, sondern unterliegt vielmehr der sozialen Konstruktion.

4. *Der US-amerikanische Wohlfahrtsstaat auf dem Prüfstand*

Im folgenden möchte ich das Sozialsystem der Vereinigten Staaten etwas näher betrachten. Von Verfechtern des "US-amerikanischen Modells" wird häufig argumentiert, daß die spezifische Ausprägung des US-amerikanischen Wohlfahrtsstaates, die einher ginge mit einer vergleichsweise niedrigen Steuerbelastung, zu mehr Flexibilität und Effizienz führe. Von den Kritikern wird vielfach ein normatives Argument bemüht, um die Modellhaftigkeit der Vereinigten Staaten zurückzuweisen, nämlich die ungleiche Verteilung der Einkommen.

1. Zunächst möchte ich auf das Kriterium Flexibilität, Effizienz und niedrige Kosten eingehen: An dieser Stelle möchte ich nicht die These von der größeren Flexibilität und Effizienz des amerikanischen Arbeitsmarktes grundsätzlich in

---

[2] Vgl. „Desperately seeking perfect model," in: *The Economist*, vom 10. April 1999, S. 67-69.

Frage stellen.³ Im Mittelpunkt soll vielmehr die Frage stehen, ob und inwieweit die spezifische Ausprägung des US-amerikanischen Wohlfahrtsstaates in den unterschiedlichen Bereichen zu mehr Flexibilität, Effizienz und Kostenbegrenzung beiträgt. Wie allgemein bekannt sein dürfte, basiert die Absicherung sozialer Risiken in den USA in weiten Bereichen vor allem auf betrieblichen Arrangements. Eine betrieblich organisierte Sozialpolitik kann eine effiziente Allokation auf dem Arbeitsmarkt behindern, sofern sie sektoral und unternehmensspezifisch sehr ungleich ausgeprägt ist. In diesem Zusammenhang möchte ich vor allem an den Bereich des Krankenversicherungsschutz erinnern. So stellt nach wie vor die betrieblich organisierte Absicherung des Risikos Krankheit für viele Arbeitnehmer ein Hindernis für einen Arbeitsplatzwechsel dar, sofern ein möglicher neuer Arbeitsplatz keinen entsprechenden Krankenversicherungsschutz bietet. Aufgrund der abnehmenden Reichweite des betrieblichen Krankenversicherungsschutzes wird letzteres zunehmend zur Normalität vieler Arbeitnehmer.⁴ Ähnliches gilt für die Aufnahme einer niedrig entlohnten und keinen Krankenversicherungschutz bietenden Erwerbsarbeit von Sozialhilfebeziehern, die während ihres Bezugs von Sozialhilfe staatliche Krankenfürsorgeleistungen in Anspruch nehmen können. Nachdem diese *disincentives* Ende der 80er und in den 90er Jahren offenkundig wurden, sah sich der Bundesgesetzgeber veranlaßt, einen inkrementalen *Ausbau sozialstaatlicher Regelungen* vorzunehmen. Sie sollten dazu dienen, mehr Effizienz und Flexibilität auf dem Arbeitsmarkt herzustellen.

Bettet man den US-amerikanischen Sozialstaat in einen größeren Kontext ein, so wird von Kennern in zunehmenden Maße hervorgehoben, daß ebenfalls das Strafjustizsystem in den Vereinigten Staaten in die Untersuchung einzubeziehen sei. Denn u.a. aufgrund des in vielen Bereichen "unzureichenden" Sozialstaates wird in den Vereinigten Staaten ein erheblich höherer Anteil von Personen dem Strafjustizsystem zugeführt, als dies in den Ländern Europas der Fall ist. In den USA ist die Inhaftierungsquote knapp siebenmal so hoch wie in der Bundesrepublik Deutschland: auf 100.000 Einwohner kommen dort im Bundesdurchschnitt 546 Gefangene, wohingegen es in der Bundesrepublik 'nur' 80 sind. Überproportional sind von diesem System vor allem die ärmeren Bevölkerungsschichten betroffen (vgl. u.a. Wacquant 1998). Die normative Bewertung dieser Entwicklung möchte ich den Lesern und Leserinnen überlassen. Betont werden soll an dieser Stelle lediglich, daß der Strafstaat eine massive Verschwendung von Humankapital darstellt!

Betrachtet man nun die Kosten der sozialen Sicherung, so erscheint auch hier nicht notwendigerweise Kostensenkung als die handlungsleitende Maxime:

a) Die Vereinigten Staaten leisten sich das im Vergleich zu allen OECD-Länder teuerste Gesundheitssystem bei einer gleichzeitig relativ hohen Exklusion vom Schutz gegen das Risiko Krankheit (s. oben). Während nach OECD-Berechnungen die Ausgaben für Gesundheit in den USA 1995 bei 14,2 Prozent

---

³ Vgl. zur Entwicklung der Arbeitsmärkte in einer international vergleichenden Perspektive *Aus Politik und Zeitgeschichte* 14-15/99 vom 2. April 1999.
⁴ Im Jahr 1994 verfügten etwa 20 Prozent der unter 65-jährigen über keinerlei Absicherung gegen das Risiko Krankheit!

des BIP lagen, betrugen sie in der Bundesrepublik "lediglich" 10,4 Prozent. Betrachtet man schließlich die sektorale Verteilung der anfallenden Kosten, so zeigt sich, daß viele binnenorientierte Unternehmen als Trittbrettfahrer auftreten und die Kosten für soziale Sicherung überproportional von den exportorientierten Unternehmen zu tragen sind. In diesem Zusammenhang betonte US-Präsident Clinton 1993 bei der Vorstellung seines letztendlich gescheiterten Krankenversicherungsgesetzes, das eine Versicherungspflicht für alle Arbeitnehmer vorsah:

> Diese Gesetzgebungsmaßnahme beinhaltet buchstäblich den Schlüssel für eine neue Ära unserer Volkswirtschaft -- eine Ära, in der wir unsere Gesundheitskosten unter Kontrolle bringen können; unsere Unternehmen befreien, damit sie besser in der globalen Wirtschaft konkurrieren können; und sicherstellen, daß die Männer und Frauen, die täglich zur Arbeit gehen, produktiver sind, da sie über mehr Sicherheit verfügen.[5]

Folgt man der These, wonach ein liberaler Außenhandel zu Wohlfahrtssteigerungen führt, so zeigt die jüngste Entwicklung in den USA, daß die "unzureichende" soziale Absicherung seitens des Staates die Erzielung solcher Wohlfahrtssteigerungen gebremst hat. In den vergangenen Jahren scheiterten mehrmals Versuche, den Außenhandel weiter zu liberalisieren, just an der politischen Furcht, bei einer Zunahme des Handels Arbeitsplätze zu verlieren und gegen dieses Risiko sozialpolitisch nicht hinreichend abgesichert zu sein. Schließlich ist ein ausgebauter Sozialstaat bzw. ein bestimmtes Niveau sozialer Sicherung für die Verlierer der Globalisierung die politische Voraussetzung für eine liberale Außenhandelspolitik in demokratischen Staaten (Rogowski 1990: 173; Rieger/Leibfried 1997). Faßt man die hier aufgeführten Argumentationen zusammen, so zeigt sich, daß nicht nur ein zu stark ausgebauter Sozialstaat, sondern auch ein nur gering ausgebauter Sozialstaat zu Fehlallokationen führen kann. Außerdem wird der wirtschaftliche Nutzen staatlicher Sozialpolitik unterstrichen.[6]

b) Betrachtet man die Kosten der betrieblichen und staatlichen Sozialpolitik insgesamt, so nähern sich die Sozialleistungsquoten der beiden Länder deutlich an. Gaben die Vereinigten Staaten 1993 lediglich 15 Prozent ihres BIP für *staatliche* Leistungen aus, so betrug die *Gesamtsozialleistungsquote* 23,3 Prozent. 1980 lag die Gesamtsozialleistungsquote noch bei 17,4 Prozent. D.h. die Ausgaben für soziale Sicherung sind in den USA im Zeitraum von 1980 bis 1993 um 6 Prozentpunkte angestiegen. Die entsprechenden Daten für die Bundesrepublik lauten: 28,6 Prozent des BIP für staatliche Sozialleistungen und 31,5 Prozent des BIP für staatliche und betriebliche Leistungen. Die Gesamtsozialleistungsquote lag 1980 bei 27,8 Prozent, d.h. die Ausgaben sind um weniger als 4 Prozentpunkte angestiegen (Adema/Einerhand 1998). Würde man

---

[5] Zit. n. Sam Burks: Clinton Sends Revised Health Care Reform Plan to Congress. In: U.S. Policy Information and Texts, hrsg. von United States Information Service, Botschaft der Vereinigten Staaten von Amerika, Bonn, vom 29. Oktober 1993, S. 3, Übers. v. Verf.

[6] Beachte: Dies heißt nicht, je höher der Sozialschutz ausfällt, desto höher der wirtschaftliche Nutzen. Sondern lediglich, daß staatliche Sozialpolitik nicht nur Kosten, sondern auch wirtschaftliche Nutzen erzeugt.

die Kosten der deutschen Einigung herausrechnen, so würde sich der Anstieg der Kosten sehr wahrscheinlich in eine Senkung der Kosten für soziale Sicherheit verwandeln.

2. Bei allen Debatten um die Frage nach der Übertragbarkeit des US-amerikanischen Modells auf die Bundesrepublik Deutschland oder auf Europa muß die Frage nach dem normativen Leitbild gestellt werden. Stimmt man trotz der oben dargelegten Einwände der Beurteilung zu, daß die spezifische Ausprägung des US-amerikanischen Wohlfahrtsstaates zu mehr Flexibilität auf dem Arbeitsmarkt führt und diese aus "ökonomischen" Gründen auch wünschenswert ist, so ergeben sich dennoch weitere, häufig von Ökonomen nicht beachtete Fragen. Kann und will sich eine Gesellschaft die durch ein größeres Maß an Flexibilität bedingten höheren sozialen Kosten leisten, wie wir sie in den Vereinigten Staaten etwa in der Zunahme der *working poor* während den vergangenen zwei Dekaden beobachten können? Diese Frage wird zur entscheidenden Bestimmungsgröße, um beurteilen zu können, inwieweit wir von den USA lernen wollen. Schließlich wird staatliches Handeln in demokratisch verfaßten Staaten nicht durch die Expertise von tatsächlichen oder selbsternannten wirtschaftspolitischen Ökonomen legitimiert, sondern vom Wahlvolk. Der renommierte Politikwissenschaftler Hans-Hermann Hartwich argumentiert zusammenfassend:

> Ein einziges Zukunftsmodell gibt es nicht. Auch in dieser Beziehung verbietet schlicht die Komplexität der Lebenswirklichkeit die Formulierung eines neuen Modells der 'Wirtschaftsordnung'. Grundzüge und -bedingungen, im Fluß befindliche Entwicklungen, erkennbare Risiken lassen sich benennen. Das wichtigste ist aber der Umstand, daß kein ökonomisches Konzept zukunftsfähig ist, das nicht die Ökonomie eingebettet sieht in gesellschaftliche Pluralität und demokratisch-mehrheitlich legitimierte Politik (Hartwich 1998: 12).

5. *Dimensionen des* Transatlantic Learning*?*

Selbstverständlich kann man von den Erfahrungen anderer Länder lernen. Wie dieser kurze Beitrag hoffentlich gezeigt hat, sollte allerdings vor voreiligen Bewertungen gewarnt werden. Denn bei den Modelldebatten handelt es sich vielfach um die Frage des Selbstverständnisses einer Nation. Um ein bestimmtes Modell im politischen Diskurs durchzusetzen, werden dann Erfahrungen aus anderen Ländern herangezogen, sofern diese zu dem angestrebten neuen Leitbild passen. Abschließend sei nochmals zu betonen: allein die Auswahl des Untersuchungszeitraums sowie der Indikatoren bestimmt das sozialkonstruierte Bild von einem Modell in entscheidender Weise. Gewichte ich beispielsweise den Indikator 'sozialen Ausgleich' stärker als den Indikator 'Beschäftigungswachstum', so würde ich zu dem Ergebnis gelangen, daß die Bundesrepublik als Modell für die USA zu betrachten ist. Verändere ich jedoch die Gewichte und sehe im Beschäftigungswachstum die höchste Priorität, komme ich zu einem gegenteiligen Ergebnis.

Sofern man die Forderung des *Transatlantic Learning* ernst nimmt, sollte man sich erstens von allgemeinen Modelldebatten distanzieren, denn zum einen gehen sie häufig zumindest implizit von einem einseitigen Lernprozeß aus und vernachlässigen, daß die Realität sehr viel komplexer ist, als in diesen Debatten zum Ausdruck kommt. Zweitens: *Transatlantic Learning* kann nur durch eine Förderung und Stärkung des Austausches auf den unterschiedlichen gesellschaftlichen Ebenen dies- und jenseits des Atlantiks erfolgen. Für solche Lernprozesse bedarf es eines langen Atems. Denn wer erwartet, Veränderungen seien schnell durchsetzbar, hat vergessen, daß in einer Demokratie Politik – zumindest langfristig – die Zustimmung der Mehrheit der Bevölkerung bedarf und diese nicht über Nacht herstellbar ist - auch wenn mancher davon träumen mag, wie schön es wäre, wenn die Bundesrepublik endlich dem US-amerikanischen Modell folgen würde.

Literatur

Adema, Willem/Einerhand, Marcel (1998) *The Growing Role of Private Social Benefits,* Labour Market and Social Policy Occasional Papers No. 32 (Paris: OECD).

Baker, Peter (1997) "U.S. Economy Is a Model, Clinton Says - Defict Reduction, Free Trade Touted," in: *Washington Post*, vom 20. Juni 1997, S. A17 [http://search.washingtonpost.c...997-06/20/124L-062097-idx.html].

Clinton, Bill; Gore, Al (1993 [1992]) *Weil es um die Menschen geht - Politik für ein neues Amerika*, Aus dem Amerikanischen übersetzt von Armin Gontermann (Düsseldorf: Econ), 2. Aufl.

Foljanty-Jost, Gesine; Thränhardt, Anna Maria (Hrsg.) (1995) *Der schlanke japanische Staat: Vorbild oder Schreckbild* (Opladen: Leske+Budrich).

Garten, Jeffrey E. (1992) *A Cold Peace - America, Japan, Germany, and the Struggle for Supremacy* (New York: Times Books).

Greider, William (1997) *One World, Ready or Not - The Manic of Global Capitalism* (New York: Simon & Schuster).

Hartwich, Hans-Hermann (1998) *Die Europäisierung des deutschen Wirtschaftssystems –Fundamente, Realitäten, Perspektiven* (Opladen: Leske+Budrich).

Kennedy, Paul (1989 [1987]) *Aufstieg und Fall der großen Mächte - Ökonomischer Wandel und militärischer Konflikt von 1500 bis 2000* (Frankfurt/M.: S. Fischer).

Markovits, Andrei S. (Hrsg.) (1982) *The Political Economy of West German - Modell Deutschland* (New York: Praeger).

N.N. (1999) „Desperately seeking perfect model," in: *The Economist*, vom 10. April 1999, S. 67-69.

Rieger, Elmar; Leibfried, Stephan (1997) "Die sozialpolitischen Grenzen der Globalisierung," in: *PVS*; 38. Jg., H. 4, S. 771-796.

Rogowski, Ronald (1990) *Commerce and Coalitions - How Trade Affects Domestic Political Alignments* (Princeton: Princeton Univ. Press).

Thurow, Lester (1992) *Head to Head - The Coming Economic Battle Among Japan, Europe, and America* (New York: W. Morrow and Co.).

Wacquant, Loïc (1998) „Niedergang des Sozialstaats, Aufrüstung des Strafstaats – In den USA wird die Armut bekämpft, indem man sie kriminalisiert," in: *Le Monde Diplomatique*, Juli, S. 8-9.

Dr. phil. Martin Seeleib-Kaiser, M.A., geboren 1964. Studium der Politikwissenschaft, Amerikanischen Kulturgeschichte und des Öffentlichen Rechts an der Ludwig Maximilians-Universität München, Promotion 1992. Seit 1993 Forschungs- und Lehrtätigkeit am Zentrum für Sozialpolitik der Universität Bremen. Arbeitsschwerpunkte: US-amerikanische Sozialpolitik; vergleichende Sozialpolitikforschung unter besonderer Berücksichtigung der USA, Japans und der Bundesrepublik Deutschland; Globalisierung und Wohlfahrtssysteme. Veröffentlichungen u.a. *Amerikanische Sozialpolitik — Politische Diskussion und Entscheidung der Reagan-Ära* (1993); "Sozialpolitik nach dem Ende des Ost-West-Konflikts" (1996); "Der Wohlfahrtsstaat in der Globalisierungsfalle. Eine analytisch-konzeptionelle Annährung" (1997).

Brigitte von Haacke

Über Kultur läßt sich nicht streiten

DIE ewige Diskussion über das Vorbild Amerika geht vielen Leuten hierzulande auf den Geist. In Ermangelung anderer Beispiele stehen die USA ständig als leuchtendes Vorbild da. Doch in vielen regt sich Widerspruch, denn der *American Way of Life* ist nicht jedermanns Sache:

- die Hollywood-Filme mit Ihrem ewigen *Happy End*
- die Burger- und Kaugummi-Kultur
- der amerikanische Puritanismus mit seiner Doppelmoral
- und die amerikanische Ignoranz gegenüber anderen Kulturen.

Kein Wunder. Amerika ist ein strenger Richter, ohne sich selbst kritisch zu hinterfragen.

- Die USA halten Deutschland noch heute mit Vorliebe die Verbrechen des Holocaust vor, ohne über die systematische Tötung und Vertreibung der eigenen Urbevölkerung große Worte zu verlieren.

- Amerika verschleppte Schwarzafrikaner als Sklaven und gestand ihnen erst in den 60er Jahren dieses Jahrhunderts die gleichen Rechte zu wie dem Rest der Bevölkerung. Und wenn man heute einen schwarzen Amerikaner nach Gleichberechtigung und Chancengleichheit fragt, wird der noch immer abwinken. Der Traum vom *Melting Pot of Nations* hat sich in den USA ausgeträumt.

- Die Vereinigten Staaten verfolgen immer sehr genau Meldungen von ausländerfeindlichen Übergriffen in Deutschland oder Wahlerfolgen rechtsradikaler Parteien. Dabei ignorieren sie gerne, in welchem Umfang Rassismus in den amerikanischen Südstaaten noch immer eine alltägliche Erscheinung ist.

- Amerika ist auch ein Land, das sich herausnimmt, über Leben und Tod zu richten – und das in zunehmendem Umfang: In 37 von 50 Bundesstaaten gibt es die Todesstrafe noch immer oder sie wurde wieder eingeführt. Damit verstoßen die USA gegen die Menschenrechte, wie sie von den Vereinten Nationen formuliert und verabschiedet wurden.

- Amerika hat die besten Universitäten der Welt und eine steigende Quote von Analphabeten.

- Amerika hat die besten Ärzte der Welt und für rund 15 Prozent der Bevölkerung keine Krankenversicherung.

- Amerika blamiert seinen Präsidenten wegen sexueller Affären in der ganzen Welt, ist aber nicht in der Lage, etwas gegen die höchste Rate an Schwangerschaften bei Teenagern auszurichten.

Kurz: Amerika ist ein Land, das seinen hehren Ansprüchen oft selber nicht genügt, ohne Scham aber den Rest der Welt dafür auf die Anklagebank setzt.

Das alles sind Punkte, die übel aufstoßen, wenn einem die Wunderwelt auf der anderen Seite des Atlantik vorgehalten wird.

Doch eines ist meiner Meinung nach ganz wichtig, wenn es um das Vorbild Amerika geht: Über Fragen von Kultur und Moral läßt sich nicht objektiv streiten. Deshalb sollte man diese Punkte bei der Diskussion außen vor lassen. Hollywood, McDonalds und der amerikanische Puritanismus mögen nicht jedermanns Traum vom Glück sein. Das müssen sie aber auch nicht. Es ist der amerikanische *Way of Life*. Es hat wenig Sinn, die Kultur eines anderen Landes zu kritisieren, weil sie anders ist als diejenige, die man selber gewohnt ist und gutheißt. Moral und Kultur sind eine sehr nationale Sache und tief mit der Historie eines Landes verwurzelt. Sie zu ändern, ist schwierig - und warum sollte man auch. Solange Länder die Menschenrechte achten, ist das ihre Privatangelegenheit.

Wenn man kulturelle und moralische Unterschiede jedoch einmal ausblendet, fallen schon viele Kritikpunkte gegenüber den USA weg. Und es gibt durchaus eine Vielzahl an Fragen in der Organisation von Staat und Wirtschaft, die sich objektivieren lassen – unabhängig von Kultur und Moral. Wenn man dies tut, fällt es auch leichter, dem amerikanischen Modell seine Vorzüge zuzugestehen. Die politischen sind die offensichtlichen und unstrittigen:

- Amerika ist eine der stabilsten und erprobtesten Demokratien der Welt. Die Verfassung der USA war Vorbild für viele Staaten, die sich in der Regel erst viel später zu Freiheit und Gleichheit seiner Bürger bekannten. Und die Amerikaner sind ein Volk, das Demokratie und Menschenrechte nicht nur zu Hause, sondern in der ganzen Welt verteidigt - zur Not auch mit dem Leben der eigenen Soldaten. Ohne die USA wäre diese Erde sicherlich ein weniger demokratischer Ort.

- Darüber hinaus ist Amerika eine sehr rationale und großzügige Demokratie. Die Amerikaner haben in Deutschland nicht nur die Antidemokraten besiegten. Sie trugen mit dem Marshallplan hinterher kräftig dazu bei, dem gefallenen Staat wieder auf die Beine zu helfen. Zu dieser Großmütigkeit wären damals nicht alle Staaten in der Lage gewesen, auch wenn es rational die richtige Entscheidung war. Dafür verdienen die Vereinigten Staaten unseren Respekt.

Mindestens genauso entscheidend wie die politische Stabilität und Vorbildfunktion der USA ist jedoch die Tatsache, daß die USA meiner Überzeugung nach das mit Abstand überlegene Wirtschaftssystem haben. Das war nicht immer so: Auch die Amerikaner haben sich lange immer mehr gesellschaftliche Umverteilung und Verstaatlichung geleistet. Anfang der 80er Jahre erholten sich die USA nur mühsam von der Rezession. Die Arbeitslosenrate lag bei fast zehn und die Inflation bei mehr als 13 Prozent. Amerikas Wirtschaft litt unter einem chronischen Handelsbilanzdefizit und vor allem einem immensen Haushaltsdefizit. Es war eingetreten, was schon der Amerikareisende Alexander de Tocqueville mehrere hundert Jahre vorher prophezeit hatte. Die Gleichheit, so Tocqueville, sei der größte Feind der Freiheit. Obwohl die Freiheit von größerer Bedeutung als die Gleichheit sei, überwiege die menschliche Liebe für die Gleichheit.

Doch anders als Deutschland leiteten die USA angesichts ihres drohenden wirtschaftlichen Niedergangs eine radikale Kehrtwende hin zu mehr Markt und weniger Staat ein. Die USA besannen sich auf ihre ursprünglichen Grundsätze: Freiheit und Eigenverantwortung, nicht kollektive Absicherung und soziale Sicherheit. Seit Beginn der achtziger Jahre liberalisierten die Amerikaner den Telekommunikationsmarkt, den Schienen- und Luftverkehr, die Strom- und Gaswirtschaft und das Sozialsystem. Gleichzeitig wandelte die Regierung ihr Haushaltsdefizit in einen Überschuß um. Im *Index of Economic Freedom* des Fraser Instituts liegen die USA inzwischen auf Rang 4 mit 7,9 (von 10) Punkten. Mit dem durchschlagenden Ergebnis, daß der sogenannte Elendsindex – Arbeitslosenquote plus Inflation – in den USA auf dem niedrigsten Niveau seit Anfang der achtziger Jahre liegt. Deutschland belegt im Fraser-Rating einen traurigen Rang 25 mit 6,4 Punkten. Hauptursachen für das schwache deutsche Abschneiden sind ein großer Staatsapparat und ein hohes Maß an Umverteilung.

Die amerikanische Kehrtwende wäre nicht möglich gewesen ohne den zunehmenden Umfang, in dem die USA auf Märkten die staatliche Regulierungsmacht zugunsten des Wettbewerbsprinzips zurückdrängten. Professor Paul Romer von der Stanford University in Palo Alto formuliert es so: "Der entscheidende Unterschied zwischen den USA und Europa ist das größere Vertrauen der Amerikaner in den Marktmechanismus. Die europäischen Regierungen sehen sich noch immer als Feuerwehrleute, die das Marktergebnis korrigieren müssen."

Das Wettbewerbsprinzip ist in den USA allgegenwärtig. Das fängt in der Schule mit Schülerwettbewerben an. Leistungsvergleiche mit anderen Schulen oder Sportwettbewerbe gehören zum Alltag an amerikanischen Highschools. Das setzt sich fort im Wettbewerb der Universitäten, nicht nur um Gelder, sondern auch um die gescheitesten Köpfe. Zu allem und jedem in den USA gibt es Rankings und Listen, wer der beste ist, schnellste, klügste, größte. Das ist ein anstrengendes Prinzip, spornt die Menschen aber permanent zu Höchstleistungen an.

Das gilt auch für Unternehmen. In den meisten Branchen können Sie als amerikanischer Unternehmer wesentlich weniger auf ihren angestammten Markt setzen, weil die Gründung von neuen Unternehmens so einfach ist. Sie bekommen viel schneller einen neuen Wettbewerber, denn das Scheitern wird vom Markt und von der Gesellschaft weniger hart bestraft als in Deutschland. Damit sinken die Hemmungen, es trotz des Risikos einfach einmal zu versuchen.

Das Unternehmertum genießt in den USA ein wesentlich höheres Ansehen als in Deutschland. Fangen in Deutschland die besten Studienabsolventen bei großen Firmen wie DaimlerChrysler, Siemens oder Thyssen-Krupp an, starten entsprechend talentierte junge Amerikaner lieber ihr eigenes Unternehmen. Sie werden darin allerdings auch nach Kräften von den Universitäten bestärkt. Allein Mitarbeiter und Absolventen des Massachusetts Institute of Technology (MIT) in Boston gründeten bislang über 4000 Unternehmen, die 1994 weltweit einen Umsatz von 232 Milliarden Dollar machten und 1,1 Millionen Menschen beschäftigten.

Die meisten Unis überlassen die Umsetzung von Erfindungen in Patente und Unternehmen aber nicht dem Zufall: Über 200 Hochschulen in den USA unterhalten inzwischen sogenannte *Technology Transfer Offices* (TTO), die neue Erfindungen von Hochschulangehörigen von der Entdeckung über die Patentierung bis zur Marktreife begleiten. Das machen die Universitäten indes nicht aus lauter Menschenfreundlichkeit: In den USA stehen den Hochschulen in der Regel die Rechte an den Erfindungen ihrer Mitarbeiter und Studenten zu. Insgesamt erzielen die US-Universitäten mit ihrem Technologietransfer Einnahmen in Höhe von 21 Millionen US-Dollar im Jahr und beschäftigen damit über 180.000 Menschen.

Die unternehmerische Mentalität lernen die Amerikaner nicht erst als College-Absolventen. Nach einer Umfrage des *Center for Entrepreneurial Leadership* in Kansas City wollen fast sieben von zehn Schülern gerne eine eigene Firma gründen. Dafür bietet das Center zum Beispiel für Interessenten vom Kindergartenalter bis zum College einwöchige Unternehmerkurse namens EntrePrep an.

Als Folge dieser innovations- und wettbewerbsgetriebenen Wirtschaft haben die Vereinigten Staaten im Kaufkraftvergleich das höchste Sozialprodukt pro Kopf in der Welt mit knapp 27.000 US-Dollar (1995). Deutschland erreicht gerade einmal 20.000 Dollar, weniger sogar als Frankreich, Kanada oder Dänemark. Das amerikanische Wirtschaftssystem mag zu mehr Ungleichheit und sozialen Härten führen. Doch bei diesen Differenzen im durchschnittlichen Pro-Kopf-Einkommen muß man sich mal überlegen, wieviel Ungleichheit sich abfedern läßt.

Gerade aus Deutschland kommt gerne Kritik an den wachsenden Einkommensunterschieden innerhalb der amerikanischen Gesellschaft. Dabei sind wachsende Einkommensunterschiede eine typische Erscheinung in Zeiten raschen technologischen Fortschritts, wie Untersuchungen von Oded Galor von der Brown University ergaben. Der technologische Fortschritt bringt innovative Unternehmen hervor, die stärker als traditionelle Firmen auf hochqualifizierte Mitarbeiter angewiesen sind. Die kassieren Spitzengehälter, was die Einkommensunterschiede in der Gesellschaft vergrößert. Daß dies in Deutschland noch nicht in dem Ausmaß der Fall ist, zeigt nur, daß hierzulande die Chancen des Informationszeitalters zu zögerlich genutzt werden.

In Deutschland zählt Gleichheit noch immer mehr als Freiheit, auch wenn ein langsames Umdenken beginnt. Dabei sind die Deutschen nicht weniger arrogant als die Amerikaner. In Deutschland liegt die Arbeitslosenrate ständig über zehn Prozent, in den USA deutlich unter fünf Prozent. Aber hierzulande hält sich hartnäckig die Überzeugung, daß der soziale Ausgleich wichtiger sei, als diesen zehn Prozent Menschen ohne Arbeit einen Job und damit auch ein glücklicheres Leben zu verschaffen. Auf Kosten dieser Leute verweist Deutschland noch immer stolz auf den Wert des sozialen Friedens, ohne festzustellen, wie teuer der erkauft wird.

Und wenn man die Erfolge des amerikanischen und deutschen Wirtschaftssystems vergleicht, schadet es auch nicht, sich noch einmal zu vergegenwärtigen, daß die USA ihren Wohlstand nicht aufgrund vieler glücklicher Umstände erreicht haben, sondern trotz erheblicher Schwierigkeiten. Die Amerikaner haben ihr Sozialprodukt erreicht

- obwohl sie mit wesentlich schwereren sozialen Probleme zu kämpfen haben,
- obwohl die amerikanische Bevölkerung wesentlich heterogener ist als die deutsche,
- obwohl das Land einen stetigen Zufluß an Immigranten verkraften muß, die in die Gesellschaft integriert werden wollen
- und obwohl in den USA so unterschiedlichen Kulturen aufeinandertreffen.

All das sind Probleme, mit denen Deutschland nie zu kämpfen hatte und von denen wir nur eine schwache Ahnung haben. Dank ihrer stabilen Demokratie und ihrem überlegenen Wirtschaftssystem sind die Amerikaner deshalb in meinen Augen wesentlich besser für die Herausforderungen des Informationszeitalters gerüstet als die Deutschen. Auch wenn uns manches an ihrer Kultur nicht gefallen sollte, täten wir gut daran, uns mehr von ihnen abzuschauen.

Brigitte von Haacke, geboren 1971. Studium der Volkswirtschaftslehre an der Universität Köln, parallel Ausbildung zur Wirtschaftsjournalistin an der Kölner Journalistenschule. Freie Arbeit u.a. für WDR Hörfunk, Wirtschaftswoche, NDR Fernsehen, Impulse. Seit 1995 bei der Wirtschaftswoche, 1997 als USA-Korrespondentin in Boston, seit Mitte 1998 als Reporterin in Düsseldorf.

Steven Casper

Institutions and Innovation: To What Extent Can Technology Policies Introduce American-Style Innovation Networks in Germany?

SINCE the early 1980s, the US economy has evolved to support commercial innovation in biotechnology, software, and a variety of other industries relying on radical innovation, often with close links to basic science. US national institutional frameworks have fostered a dramatic expansion of high-technology activities within the economy. Institutional frameworks have been reconfigured to foster high-risk venture capital financing of dynamic start-up companies, new links between university scientists and companies, and the reorganization of large company decision-making and incentive schemes. In Germany firms and policy-makers are anxiously experimenting with their own institutional frameworks to foster organizational structures supporting radical science-based innovation in their own countries. This essay examines patterns by which a number of German institutional frameworks structure industrial activity, then, focusing on the case of biotechnology, examines whether technology policies can be used to introduce American-style innovation networks in Germany.

German institutional structures have long been associated with advantaging a stream of complex process-oriented industries. Table 1 presents patent data on industry specialization for the years 1988/89 and 1993/94 from the European Patent Office (EPO) for Germany and the United States.

Table 1: US and German patent specialization rankings 1993/94

	United States	Germany
1	Information technology	Civil engineering
2	Medical engineering	Nuclear engineering
3	Semiconductors	Agricultural machines
4	Organic chemistry	Transport
5	Optics	Engines
...		
26	Consumer goods	Semiconductors
27	Agricultural machines	New materials
28	Nuclear engineering	Audiovisual technology
29	Civil engineering	Optics
30	Machine tools	Information technology

Source: Ranking represent the specialization index of European Patent Office (EPO) patents of German and United States Origin in relation to the average distribution at the EPO for the period 1993 to 1994. The rankings are derived from the complete tables in Casper et al. (1999), based on the methodology introduced in Abramson, 1997. The ranking for biotechnology is 6 in the United States and 22 in Germany.

This data reveals that Germany has tended to specialize in well-established but relatively complex products, involving complex production processes and after-sales services, with close, long-term customer links. The German pattern of industry specialization has long-been associated with institutions that advantage what Streeck (1992) calls „diversified quality production." These include most engineering and process-oriented industries (machine tools, engineering elements, engines, materials processing, and so forth). Germany does not patent extensively in most of the newer, more radically innovative technologies, such as biotechnology, telecommunications, or information technology. Firms located in the United States, by contrast, have developed a close to inversely related patenting profile, specializing primarily in a range of high-tech industries characterized by radical innovation (biotechnology, information technology, telecommunications) but not in the spectrum of process and engineering industries dominated by German firms.

Despite its association with the German postwar economic miracle and the country's above average performance during the repeated economic shocks of the 1970s and early 1980s (see Carlin and Soskice, 1997), during the late 1990s growing pessimism surrounds the German institutional model. Lack of success in high-technology industries has been a major source of concern for German policy-makers. Faced with American competition in high-technology industries and East Asian success in upgrading the quality of mass-produced consumer goods, many critics now see little room for traditional German product market strategies emphasizing incremental innovation in established technologies. In particular, institutions and policies to promote innovation have come under attack. Streeck, long a leading proponent of the German model, now sees the declining relative importance of high value-added niche markets in traditional industries as leading to an "exhaustion" of the German model (Streeck, 1996).

Concern over Germany's poor showing in high-technology industries has created an „innovatin crisis" in Germany. The president of the German Federation of Industry (BDI) Henkel has repeatedly suggested that „nobody wants our model anymore" and called for a radical reorganization of German company law and a deregulation of labor markets (*Die Zeit*, 1997). While few political leaders on either the left or the right echo this sentiment, promoting high-technology innovation has emerged as a prominent theme in German policy debates. During its last years in power the Kohl government instigated a range of new technology policies aimed to promote high-tech industries. Substantial financial subsidies for many high-tech start-firms and a range of new framework policies to support particular sectors have been developed at both the federal and state or *Länder* levels of government. The new Schröder government campaigned extensively on the theme that growth in high-technology industries is a key prerequisite to lessen Germany's unemployment problem. If anything, programs to bolster German high-technology programs will expand in future years.

German academics and policymakers are increasingly dissatisfied with the country's pattern of industry specialization, yet the patent data on industry specialization indicates that the country's traditional pattern of specialization has intensified during the 1990s. One goal of this essay is to better explicate the process by which institutions advantage particular innovation strategies in Germany. I argue that Germany's pattern of industry specialization continues to be strongly influenced by an interlocking complex of national institutional frameworks. To highlight one of the key findings, research in biotechnology found that numerous market niches are emerging. While German firms continue to be relatively unsuccessful in areas of these industries characterized by extreme financial risk and volatile technological trajectories, in other market segments German firms have prospered in recent years. I provide evidence suggesting that the types of company organizational structures and investment strategies needed to excel in these segments provide a close „fit" with incentives created by the German economy. In fact, the analysis leads to the prediction that in some highly profitable and expanding segments of both sectors German firms enjoy important advantages over US firms in solving important organizational and financial obstacles to success. While government policies in Germany are unlikely to alter the country's general pattern of industry specialization, policies can expedite the process by which German firms locate and enter favorable market segments within high-technology industries.

The „varieties of capitalism" perspective and company innovation patterns in Germany

Numerous scholars within the comparative political economy and organizational studies fields have examined variations in economy-wide national institutional frameworks and suggested how particular institutional configurations advantage the construction of different organizational patterns within the economy (Soskice, 1994; Streeck, 1992). Because Germany and the United States have been identified as two of the advanced industrial countries with widely dissimilar national institutional framework configurations, much theoretical analysis has centered on US-German comparisons. Brief overviews centering on patterns of legal regulation and business coordination establish these differences.

Germany may be characterized as a „coordinated market economy" (Soskice, 1994) underpinned by a regulatory private law system. Non-market forms of business coordination are facilitated by the embeddedness of large firms within networks of powerful trade and industry associations, as well as a similar, often legally mandated, organization of labor and other interest organizations within para-public institutions (Katzenstein, 1987, 1989). Businesses engage these associations to solve a variety of incomplete contracting dilemmas and create important non-market collective goods. To discourage individual companies from exiting the collective business system, German public policy can rely on the legal system to regulate a wide variety of inter-firm and labor contracts as well as sustain neo-corporatist bargaining environments through the delegation of issue-area specific bargaining rights to unions and other stake-holders within firms.

German courts use standardized business agreements produced through neo-corporatist arrangements as the basis to apply regulatory corporate laws throughout the broader economy.

In contrast, the United States is characterized by a liberal market economy. Business coordination depends primarily on market oriented transactions and the use of a flexible, enabling private legal system to facilitate a variety of complex contracting situations. Because courts refuse to adjudicate incomplete contracts (see Schwarz, 1992), market participants need to specify control rights in contract to as full an extent as possible or, when this is not possible, to use extremely high-powered performance incentives to align interests within and across organizations (Easterbrook and Fischel, 1991).

Different national institutional framework architectures allow firms in Germany to make different types of commitments to employees and other stakeholders than those that are possible in the United States. Systematic differences in the organization of careers, in patterns of company organization, and in relationships between firms and owners and investors exist across the two countries which can be linked directly to the broad pattern of industry specialization and innovation patterns across Germany and the United States. We will examine the German case in some detail, and then highlight the strong role institutions play in shaping innovation patterns through a briefer comparison with the United States.

First, how are **careers** for scientists and managers organized within the German economy? In Germany most employees spend most of their careers within one firm, often after a formal apprenticeship or, in the case of many engineers and scientists, an internship arranged in conjunction with their university degree. While there exist no formal laws stipulating lifetime employment, German labor has used its power on supervisory boards as well as its formal consultative rights under codetermination law over training, work-organization, and hiring, to demand unlimited employment contracts (Streeck, 1984). Once the lifetime employment norm for skilled workers was established, it spread to virtually all mid-level managers and technical employees. Migration of managers and highly-skilled technical employees across firms is limited, reinforced by the willingness of German courts to uphold clauses in employment contracts that forbid an employee to take a job at a different firm with the same skill classification for one year after leaving the original firm (see Keller, 1991). One result of life-time employment and limits on poaching activities is that the active labor market for mid-career managers and scientists is limited.

Lifetime employment and the „stakeholder" model of corporate governance have important repercussions for patterns of **company organization** (Charkham, 1995: Vitols et al., 1997). Long-term employment and limited codetermination rights for employees create incentives for management to create a broad consensus across the firm when major decisions will be made. Because unilateral decision-making is limited, it is difficult for German firms to create strong performance incentives for individual managers. As a result, performance rewards tend to be targeted at groups rather than individuals within German firms, and individual performance assessments and bonus schemes are limited. Until early 1998 stock options, one of the most common incentive instruments used in American firms, were illegal in Germany. Though now allowed, they are still uncommon in Germany and typically, when used below top management, are distributed across large groups of employees to ensure that group rather than individual incentives are maintained. Finally, most career structures are well defined in German firms and based on broad education and experience within the firm, rather than short-term performance.

Ownership and financial relationships in Germany are strongly influenced by corporate governance rules. Despite the recent expansion of equity markets, Germany remains a bank-centered financial system. According to 1996 data, while market capitalization as a percentage of gross domestic product was 152 percent in the United Kingdom and 122 percent in the United States, in Germany it was only 27 percent (Deutsche Bundesbank, 1996: 28). Banks and other large financial actors (e.g. insurance companies) have a strong oversight role on firms through seats on the supervisory board and through continuing ownership or proxy-voting ties with most large German industrial enterprises (Vitols, 1995). Most German firms must rely on banks or retained earnings to finance investments. Banks are generally willing to offer long-term financing for capital investments, but not for research and development. German banks usually only offer financing for investments in which collateral exists, such as fixed investments such as property or long-term capital investments. Banks can adopt a longer term focus in part because they know that German firms are able to offer long-term commitments to employees and other stakeholders to the firm, and can often closely monitor the status of their investments through seats on the supervisory board or other direct contacts.

These patterns of company organization are ideally suited to the incremental innovation patterns long associated with successful German industrial firms. Incremental innovation patterns generally involve the systematic exploitation of particular technologies to a wide variety of niche markets. While high-volume „blockbuster" products are uncommon, German engineering companies and, we will see below, software and biotechnology firms have successfully located large numbers of high-value added market niches. Doing so requires a long-term dedication to particular markets and, from the point of view of employees, investment in so-called firm specific knowledge that cannot easily be applied to the activities of other firms. Investing in firm-specific knowledge is risky, but possible in Germany because of lifetime employment. In addition, consensus decision-making ensures that the full weight of the firm's expertise is brought to bear within the analysis of new initiatives. Consensus decision making also helps to ensure that, once new initiatives are agreed upon, they will not be held-up by disgruntled units which feel their interests were not taken into account. Finally, incremental innovation patterns are well suited to Germany's bank-centered financial system. Most engineering firms have high capital equipment costs that require the long-term, but relatively low risk financing in which German banks have traditionally specialized.

On the other hand, German institutional arrangements are unsuited for higher risk innovation strategies in many newly emerging technologies. High short-return „blockbuster" products are unlikely to be created from this pattern of corporate and financial organization. It is difficult for German firms to quickly move into and out of markets characterized by quickly evolving technologies. Because most employment contracts are unlimited, top managers of German firms must hesitate before creating new competencies in high-risk areas, since cutting assets is difficult. Similarly, it is difficult for German firms to create the high powered performance incentives that often characterize very high-risk technology companies. Large firms avoid creating high powered incentives for managers, unilateral decision-making structures, and opportunities for quick advancement because these organizational structures go against the logic of codetermination and risk alienated important constituencies within the firm, all of which have long-term employment contracts. Sharper incentives might be created within smaller entrepreneurial firms which, we will see below, have begun to be created in large numbers within Germany. However, the long-term employment constraints and small labor market for mid-careers scientists and managers also impact start-ups. These constraints limit the ability of start-ups to quickly move into new fields, especially as these firms start to grow.

Similar difficulties exist within financial markets. While long-term but relatively low-risk financing is available from banks, high-risk short-term financing in Germany generally has not been available. As pointed out by Tylecote (1999), banks in „insider" dominated corporate governance systems tend to have excellent knowledge of particular firms, but usually do not have the detailed *industry* knowledge that is necessary for investors to channel money into higher-risk technologies. Rather, financing for higher-risk activities is generally provided by venture capitalists, often in conjunction with industry „angels" that have detailed technical and market expertise within particular industries. The growth in venture capital has been limited in Germany in part by the limited opportunities to organize public share offerings on capital markets. The lack of a viable „exit option" has limited the development of refinancing mechanisms for venture capital funds.

To provide a brief comparison, national institutional frameworks in the United States advantage few, if any of the company organizational and financial structures needed to engage in incremental innovation strategies, but are suited for radical innovation. Labor markets are deregulated in the United States. Most firms only offer limited employment contracts and, since courts in most US States refuse to uphold „competition" clauses, poaching is widespread and an extensive „head hunting" industry has emerged alongside most regional agglomerations of high-technology firms (see Saxenian, 1994). This allows firms to quickly build or shed competencies as they move into and out of different technology markets. However, employees in such a system are strongly motivated to invest in only generic skills that have wide application across an industry; the firm-specific skills needed for incremental innovation strategies are difficult to create in the US.

Compared to the „social" construction of German firms, the property rights structure of most US firms is financial in nature (Roe, 1992). No legally stipulated codetermination rights for employees or other corporate governance stakeholders exist. This allows owners to create high-powered incentive structures for top management (i.e. very high salaries often paid in company shares or share-options), who are then given large discretion in shaping organizational structures within the firm. The top management of most US technology firms attempt to create similarly high-powered incentive structures within the firm. These structures include large bonus systems, opportunities for star performers to quickly advance through the firm, and much unilateral decision-control. These organizational structures tend to advantage quickly shifting constellations of firm competencies that are often needed to innovate in quickly changing technologies and intense short-term dedication of employees to particular assignments. However, the long-term commitment and consultation rights engendered within German firms are again difficult to foster within America's decentralized and incentive-laden corporate environment.

Finally, a similar pattern exists with finance. Most spectacularly through NASDAQ, large capital markets exist to fund technology firms with promising products. This financing tends to be short-term in nature, meaning that high-risk funds will disappear if firms fail to meet development goals or if products cannot find relatively quick success within the marketplace. However, so long as the possibilities for high, often multiple returns on investment exist, a large market of venture capitalists and, at later stages of company development, more remote portfolio investors stand ready to invest in technology firms. To understand why, the broad institutional structure of US technology marketplaces must be considered. First, due to the deregulated nature of labor markets, should firms begin to grow, high quality managers and scientists can be found to fuel the growth of successful firms. Second, investors in high-risk American technology firms know that, through the primarily financial ownership structure of American firms performance incentives can be designed that in a sense „align" the risk/return preferences of investors with the top management and employees of particular firms. Again, neither of these conditions is met in Germany.

Technology policies and recent developments in German biotechnology

While industry specialization patterns from the 1980s and early 90s broadly support the varieties of capitalism view, recent develops in Germany have been interpreted to strongly contradict it. During the later half of the 1990s Germany has witnessed the beginning of what many commentators, particularly within the business press, are proclaiming to be a remarkable renaissance in the performance of its high-technology industries. In particular, a number of new technology policies are being credited with an expansion of entrepreneurial start-up firm activity. Biotechnology has been the sector with the most drastic reversal of fortune. Hampered by a hostile regulatory environment for genetic research throughout the 1980s and early 1990s in addition to institutional constraints, there were very few commercial biotechnology labs created in Germany, either by established large pharmaceutical firms or start-ups (Ernst and Young, 1998). However, starting with a liberalization of genetic testing regulations in 1993 and, beginning in 1995 with the introduction of substantial technology promotion programs for biotechnology, several hundred new biotechnology start-up firms have been created in Germany in recent years, most centered around German university and public research institutes. While analysis here will center primarily on biotechnology, similar expansions of commercial activity have taken place in other technology sectors, in particular software and telecommunications (Casper et al., 1999).

As mentioned in the introduction, during the mid-1990s a widespread discussion over its „innovation crisis" raged within Germany. This debate has lead to the introduction of a substantially different analysis of the sources of commercial innovation within the economy, focusing less on national institutional determinants of innovation processes and more on the orchestration of resources and organizational competencies deemed necessary to innovate in particular sectors. The new sentiment is found in a recent report by the IFO-institute, a respected voice on German competitiveness issues: „If there is an 'innovation crisis' in Germany, then this 'crisis' is due...to a high degree of inertia in shifting capital investments, human resources, and existing ingenuity talents from traditional to new high-tech areas promising higher growth rates in the future." (Buechtemann and Ludwig, 1996:36). The implication of the resource orchestration view is that the government should search for obstacles blocking the innovation process and introduce new policies to transfer resources and orchestrate the coordination of the necessary linkages within the innovation chain.

Following this logic, commentators have linked the recent rise in German high-tech competitiveness to a range of new technology policies introduced to promote the formation of entrepreneurial start-up firms, in particular spin-offs from universities. University spin-offs have been one of the strongest sources of high-technology growth in the United States. German commentators have noted a number of obstacles to the creation of small entrepreneurial science-based firms with strong links to universities. In Germany the relationship between universities and the private sector is also strong, but the primary technology link has been with large firms (Abramson et al., 1997). Particularly within engineering, chemistry, and other departments in which research can often be directly applied to industry, large firms typically fund the research of large numbers of graduate students, who then often pursue research organized in conjunction with the R&D departments of large firms. Intellectual property derived from such collaboration is usually transferred from university labs to large firms at no cost in return for consulting fees paid to professors. Students often obtain research positions within industry, typically at the firm with which the student collaborated. Until very recently research within the bio-medical sciences and other „pure" research fields was conducted with minimal attention to possible commercial spin-offs. Because under German law professors own most intellectual property and generally have long-term relationships with established firms, universities have had little incentive to establish technology transfer labs. As a result, the small-firm spin-off dynamic that has become commonplace within the United States and United Kingdom have failed to develop within Germany.

Taking careful note of these and other „obstacles" to the establishment of small entrepreneurial start-up firms, German public officials at the federal and state level have in recent years crafted a dense network of support policies for biotechnology and other new technology sectors. German technology policies have been especially pervasive in biotechnology, and have been used to orchestrate virtually every phase of technology spin-off and start-up firm formation out of universities. As part of a federally funded „BioRegio" competition that began in 1995, 17 different German regions have created government biotechnology promotion offices. While there is variation in the implementation of particular programs, these regional technology offices aim to help scientists and local entrepreneurs organize virtually every phase of start-up formation within the biotechnology sector. This includes the hiring of consultants to persuade university professors or their students to commercialize their research findings and help them design viable business plans, subsidies to help defray the costs of patenting their intellectual property, and the provision of management consulting and partnering activities once new firms are founded. Most of the BioRegio programs have used public funds to create new technology parks and „incubator labs" to house fledging start-ups in and around universities or public research labs. Firms are usually provided space in these technology parks at a subsidized rent.

The technology transfer offices created through the BioRegio programs are also the main coordinators for the disbursement of an array of grants, loans, and subsidy programs created in recent years for high-tech start-ups. In addition to low-interest loans, in 1996 the German federal government, wary of criticisms of the lack of venture capital in Germany, decided to provide „public venture capital" in the form of silent equity partnerships from federal sources. The public agency created to oversee this program, the *tbg*, has provided on average over 200 million DM to new start-up firms over each of the last three years, with biotech firms being the largest recipient of seed-capital (some 22% of start-ups) (*Handelsblatt*, 1998). To increase their leverage and reduce the risk of opportunism, federal funds have generally been provided only when firms can obtain matching funds from „lead investors" within the private economy. In addition, the German Research Ministry has provided over DM 150 million in grants for „pre-competitive" research and development by start-up firms; money that has often been matched by groups of local large firms or government funds within individual BioRegions.

Simultaneously, the German government has worked with the financial community to introduce measures designed to stimulate the provision of higher risk investment capital and allow technology firms to undertake rapid growth trajectories commonly seen within American technology clusters. These reforms include the creation in 1997 of a new stock exchange, the *Neuer Markt*, with substantially less burdensome listing requirements than those that exist for the main stock market, and the introduction in March 1998 of a change in corporate law that allows firms to more easily buy and sell their own shares (a prerequisite for stock option plans commonly used in US technology firms).

These new technology policies have been enacted in an environment that has seen no major changes to the broader economy-wide institutional frameworks that proponents of the varieties of capitalism perspective stress to be so central. No major reforms to German labor law, codetermination law, or company law appear to be on the horizon, while the German vocational training system continues to be widely applauded as among the world's best.

When the success of recent German technology policies is taken into account with the overall stability of German national institutional frameworks governing the economy, the resource orchestration view implies a markedly different view of the degree to which organizational structures within the economy are embedded within their national institutional environment. This perspective implies that sector-specific institutional support structures can essentially circumvent the „normal" institutional incentives and constraints within the economy. A plurality of institutional support systems, targeted at the unique needs of firms with particular organizational needs, might conceivably be created.

While financial subsidies and infrastructure programs initiated in conjunction with the „BioRegio" competition have played an undeniable role, the recent success of the German biotechnology industry has also been influenced by favorable industry factors which have shaped market segments that are compatible with incentives created by Germany's broader system of national institutional frameworks. A key point in understanding recent developments in Germany is an examination of particular *sub-segments* of the biotechnology industry. In addition to a few highly publicized firms active in drug discovery research (therapeutics), German firms are particularly active in a recently developed segment, platform technology. While therapeutics firms apply a variety of genetic manipulation technologies to the discovery or design of chemical compounds for use in the treatment of disease, platform technology firms create the research tools used in therapeutics. In addition to the creation of an assortment of consumables for use in lab processes, platform technology areas include highly publicized commercial ventures in genetic sequencing and engineering and the application of information technology and automation techniques to drug screening (combinatorial chemistry).

While German firms can be found in both market sub-segments, the largest number of German biotechnology firms have chosen to specialize in the platform technology segment. This finding is most clearly substantiated in a July 1998 survey of over 300 German firms active in biotechnology activities. While a similar survey of UK biotech firms found that therapeutics was the most common area of specialization, in Germany contract research and platform technologies were the most favored market segments, while therapeutics was only ranked fifth (Ernst and Young, 1998: 17). Germany's most successful biotech firm, Qiagen, is a platform technology firm that holds a near monopoly position in the provision of cheap consumable kits used to replace labor intensive processes of DNA filtration. This firm is currently one of the world's most profitable small dedicated biotechnology firms, and has in the last few years seen its staff grow from a few dozen in the early 1990s to over 700 employees today. While Qiagen is the only German biotechnology firm to take a public stock listing (on both NASDAQ and the German *Neue Markt*), four additional firms have announced intended IPOs during the Summer of 1998. Of these firms, three are platform technology providers (*Wirtschaftswoche*, 1998).

Platform technologies and therapeutics research have differing underlying technological characteristics. German firms tend to specialize in platform technology because it is this segment that best „fits" with the broader constellation of incentives and constraints generated by national institutional frameworks. Therapeutics is characterized by relatively „discrete" technology, meaning that particular research programs have volatile technological orientations that demand frequent change. As a result, therapeutics firms are often forced to quickly move out of particular research programs to develop new areas. This demands frequent employee turnover that is difficult to achieve within Germany's system of fairly regulated labor markets and system of company law (both of which push firms towards offering employees long-term contracts). The financial risk within therapeutics research is high. This is produced by the high failure rate of particular research programs, very long time to market (often 7-10 years due to regulatory testing and approval requirements), and the high percentage of costs devoted to R&D. Large public R&D subsidies along with the creation of the *Neue Markt* and entry of substantial foreign venture capital have improved the situation. Nevertheless, it is uncertain whether market based incentives to fund and nurture large numbers of long-term financing for high-risk therapeutics can be sustained within the present structure of German institutions.

Most platform technology firms rely on cumulative rather than discrete technologies. Cumulative technologies often remain located within one firm. As a result, employees of platform technology firms are often required to invest in much more firm-specific knowledge than those within therapeutics firms. Because long-term employment contracts are commonly used, employees of German platform technology firms should be more willing to invest in firm specific skills than those working in US firms, where employment contracts are usually limited in nature. The financial risks of investing within most platform technologies are lower than those for therapeutics. Research and development costs are generally lower at platform technology firms. This is generally due to a lower technological failure rate and the existence of fewer regulatory approval or testing requirements. Through continued research and development and intense interaction with users, key inventions are reliably leveraged into new markets. Because the financial risks are lower, these firms can find steady financing for most capital investments through existing German financial channels. Most German platform technology companies have relied on state subsidies to invest in initial R&D, then hope to finance subsequent R&D through retained earnings.

Conclusion

The brief discussion of biotechnology indicate that German firms can successfully enter high-technology industries. However, they must do within constraints created by the broader institutional logic of market regulation in Germany. The platform technology segment of biotechnology fits the inherited institutional framework of Germany. These institutions encourage incremental innovation, long-term relations between the firms and its stakeholders, and the accumulation of knowledge and experience. In contrast, the therapeutics segment of biotechnology are characterized generally by more radical innovation, shorter time horizons on the market, and the exploitation of highly novel knowledge. This does not mean that Germany cannot field successful competitors in these segments of high-tech industries. But it does mean that nurturing German high-tech ventures in segments characterized by more risky, discrete technologies are likely to require special effort, whereas segments characterized by less risky, cumulative technologies represent a more natural market area for national specialization.

What is the implications of this discussion for patterns of mutual learning across Germany, the United States, or other countries? A key concept underlying the varieties of capitalism approach is that of *comparative institutional advantage* (Soskice, 1994). According to this concept, differences in institutional architectures across the advanced industrial economies advantage the creation of different company organizational structures necessary to perform well in some groups of industries, but create constraints hindering performance in others. This perspective implies that mutual learning across countries will be limited. While new technologies will diffuse across international boundaries, the organizational patterns within which they will become embedded will differ, and as a result, so will patterns of innovation.

What role does this leave for government initiatives? There can be no doubt that the large-scale „BioRegio" programs have hastened the development of biotechnology in Germany. However, despite conscious efforts to replicate the American innovation chain, our evidence indicates that the market profile of most German biotechnology firms differs from the activities commonly chosen by American firms. Because patterns of company organization are similar to those in other long-established industries, German firms might have developed similar competencies in platform technologies with or without the large-scale mission-oriented assistance provided through the BioRegio programs.

That being said, there is undoubtedly a strong need for broad framework programs to support high-technology industry in Germany. Much high-tech activity in Germany has traditionally taken place outside of the realm of market transactions, for example through in-house research of large firms or through projects orchestrated by para-public institutions such as trade associations or Fraunhofer institutes (Abramson et al., 1997). At the same time, it is worth maintaining the traditional diffusion-oriented bent of government policy for software. However, it is not just a matter of sponsoring *innovation*, but encouraging the formation of stronger *innovation markets* in Germany. Henceforth, much high-technology innovation in Germany will not only take place in academia and through the cooperation of the research world and industry, but will be driven by dynamic market processes, by new product and service offerings, and by the heat of competitive pressures. A key aspect of the BMBF-organized framework programs for entrepreneurial technology firms has been the development of mechanisms to diffuse basic research university research into commercial activities (BMBF, 1998). These and other diffusion-oriented programs should be continued.

References:

Abramson, H.N., et al., (Eds.) 1997. *Technology transfer systems in the United States and Germany.* Washington, D.C., National Academy Press.

Buechtemann, C.F., & Vogler-Ludwig, K. 1996. *The "German Model" under pressure: Human capital investment and economic performance in Germany.* Report #E96-05, Center for Research on Innovation and Society (CRIS).

BMBF (1998). *Innovation für die Wissensgesellschaft.* Bonn,

Carlin, W. and Soskice, D. (1997). „Shocks to the system: the German political economy under stress." *National Institute Economic Review* no. 159, 57-66.

Casper, S et. al. 1999. „Can High-Technology Industries Prosper in Germany? Institutional Frameworks and the Evolution of the German Software and Biotech Industries". *Industry and Innovation,* 6: 5-24.

Charkham, J., 1995, *Keeping Good Company: A Study of Corporate Governance in Five Countries*, Oxford: Oxford University Press.

Deutsche Bundesbank, (1997) „Quarterly Report." November.

Easterbrook, F. and Fischel, D. (1991). *The Economic Structure of Corporate Law.* Cambridge: Harvard University Press.

Ernst and Young, 1998a. „European Life Sciences 1998." London: Ernst and Young.

Handelsblatt, (1998), „Co-Investments machen Deutschland zum Mekka der Start-up Finanziers." October 21.

Katzenstein, P. (1987). *Policy and Politics in West Germany: Towards the Growth of a Semisovereign State.* Philadelphia: Temple University Press.

Katzenstein, P., 1989, 'Stability and change in the emerging third republic' in Katzenstein P., ed., *Industry and Politics in West Germany*, Ithaca: Cornell University Press.

Keller, B. (1991). *Einführung in die Arbeitspolitik.* München: Oldenbourg

Roe, M. 1994: *Strong Managers, Weak Owners.* Princeton: Princeton University Press.

Saxenian, A. (1994): *Regional Advantage.* Cambridge: Harvard University Press.

Schwartz, A. (1992). „Relational Contracts and the Courts." *Journal of Legal Studies* 21, 780-822.

Soskice D. (1994). „Innovation Strategies of Companies: A Comparative Institutional Analysis of Some Cross-Country Differences" in W. Zapf, ed., *Institutionvergleich und Institutionsdynamik.* Berlin: Sigma.

Streeck, W. (1984), *Industrial Relations in West Germany: A Case Study of the Car Industry.* New York: St. Martin's Press.

Streeck, W. (1992) „On the Institutional Preconditions of Diversified Quality Production." In Streeck, W. *Social Institutions and Economic Performance.* London and Newberry Park Sage Productions.

Streeck, W. 1996: 'German Capitalism: Does it Exist? Can it Survive?', in *Modern Capitalism or Modern Capitalisms?*, edited by C. Crouch and W. Streeck. London: Francis Pinter.

Tylecote, 1999: A. 'Corproate Governance, Innovation Systems, and Industrial Performance,' *Industry and Innovation* 6:1

Vitols, S., 1995, 'Are German banks different?', WZB Discussion Paper, FS95-1, 308.

Vitols, S. Casper, S. Soskice, D. and Wolcock, S. 1997. *Corporate Governance in Large British and German Companies.* London: Anglo-German Foundation.

Wirtschaftswoche, (1998). „Schneller Aufstieg", September 24, 1998: 134-139

Die Zeit, (1997). "Unser Modell will keiner mehr". September 5.

Dr. Steve Casper forscht derzeit am *Netherlands Institute for Advanced Study in the Humanities and Social Sciences* in Wassenaar. Einen Schwerpunkt seiner Arbeit bildet die Frage, ob und in welchem Maße sich die Wirtschaft- und Sozialsysteme in den USA und Deutschland auseinander entwickeln. Auch die Innovationsfähigkeit der deutschen Industrie ist Gegenstand seiner Forschung. Dr. Casper studierte Sozialwissenschaften an der Cornell University und ist neben seiner Arbeit in den Niederlanden auch am Wissenschaftszentrum Berlin tätig.

Ralf Roloff

Der Transatlantische Geschäftsdialog -
Vorbild für eine transatlantische Lerngemeinschaft?

1. Einleitung

DER ehemalige Koordinator für die deutsch-amerikanischen Beziehungen, Werner Weidenfeld, wird nicht müde, für die Zukunft der atlantischen Beziehungen drei wesentliche Elemente zu fordern: 1. einen neuen transatlantischen Markt; 2. eine europäisch-amerikanische politische Zusammenarbeit, 3. eine transatlantische Lerngemeinschaft.[1] Eine transatlantische Lerngemeinschaft, die sich mit den Herausforderungen der sogenannten Globalisierung Für die transatlantischen Beziehungen befaßt, existiert bereits, sie ist sogar vergleichsweise erfolgreich. Die Neue Transatlantische Agenda und im Rahmen dieser Agenda der Transatlantische Geschäftsdialog, wurde bisher kaum oder lediglich am Rande beachtet.[2]

Holzschnittartig möchte ich diese neue Form des *transatlantic learning* als eine innovative und erfolgversprechende gemeinsame Antwort der Europäischen Union und der USA auf die Globalisierung vorstellen. Dieser Beitrag gibt also keine Antwort auf die Frage, *was* können wir von den USA lernen und was können die USA von uns lernen. Er liefert vielmehr eine Antwort auf die Frage, *wie* können wir "transatlantisch" lernen. Mit der interregionalen Kooperation im Rahmen der Neuen Transatlantischen Agenda von 1995 haben die beiden führenden Wirtschaftsregionen der Welt, Nordamerika und die Europäische Union, eine Antwort auf die Herausforderung der Globalisierung gegeben. Es ist aber nicht nur eine Antwort auf die Globalisierung, sondern auch auf die Regionalisierung der internationalen Politik.

2. Globalisierung und Regionalisierung - ein Spannungsfeld der internationalen Politik

Die Globalisierung ist ja an allem Schuld! Sie ist der postmoderne schwarze Mann, vor dem sich keiner fürchten muß, aber alle davonlaufen. Wir sind verflochten, verheddert und verstrickt in der "Globalisierungsfalle". Dabei wird in dieser Diskussion und in der Standortdebatte in vielfältiger Weise das Motiv vom Zauberlehrling bemüht, das da lautet, "Herr die Not ist groß! Die ich rief die

---

[1] Werner Weidenfeld, Der Euro als Sprengsatz der transatlantischen Beziehungen, in: Integration 1/1999, S. 38-48.
[2] Vgl.: Christoph Bail / Wolfgang H. Reinicke / Reinhardt Rummel, The New Transatlantic Agenda and the Joint EU-US Action Plan: An Assesment, Ebenhausen 1997 und: Ernst-Otto Czempiel, Europa und die Atlantische Gemeinschaft, in: APuZ B1-2/1999, S. 12-21, insb. S.17.

Geister, werd' ich nun nicht los".³ Der Nationalstaat gleitet durch von ihm selbst entfesselte Kräfte in die Bedeutungslosigkeit ab. Ineffizienz der wohlfahrtstaatlichen Institutionen, schwindende Problemlösungskompetenz der Staaten, unberechenbare globale Finanzmärkte, atemberaubende Wachstumsraten des Welthandels und der ausländischen Direktinvestitionen und alles überragend die multinationalen Konzerne, die neuen Herren des Geschäfts, deren Einfluß sich kaum ein Land der Erde entziehen kann, die sich umgekehrt aber jeglichem staatlichen Einfluß, vor allem der Entrichtung von Steuern, entziehen. Das ist das Tableau der schönen neuen Welt oder der postmodernen Politik jenseits des Nationalstaates.⁴

Kurz gesagt: Diese Variante der Globalisierungsfabel ist ein Mythos und sie lenkt die Diskussion um die Globalisierung in eine Richtung, die entscheidende Aspekte nicht berücksichtigt. Sie sagt nämlich nichts über den Zusammenhang von Globalisierung und Regionalisierung, von ökonomischer Verdichtung und regionaler Abgrenzung aus!. Aber gerade das Spannungsfeld zwischen diesen beiden Prozessen stellt die wirkliche Herausforderung nicht nur für die transatlantischen Beziehungen dar.⁵ Einige Daten und Fakten sollen diesen Sachverhalt illustrieren:

1. Die Träger der Globalisierung sind die multinationalen Unternehmen. Schaut man sich die 100 größten Unternehmen der Welt 1998 sowohl nach Umsätzen wie auch nach Marktkapitalisierung an, so macht man eine interessante Feststellung: Mit einer Ausnahme, nämlich der brasilianischen Ölfirma Petrolio Brasileiro (auf Platz 52), sind alle führenden umsatzstärksten multinationalen Unternehmen entweder in den USA/Kanada, Europa oder Japan beheimatet. 41 Unternehmen haben ihren Stammsitz in Nordamerika (40 in den USA, eines in Kanada), 21 in Japan, 37 in Europa (davon 34 in Ländern der EU, eines in der Schweiz).⁶ Nach Marktkapitalisierung haben sogar alle 100 ihren Stammsitz in einem Land der Triade: 59 in den USA, 3 in Japan, 38 in Europa, (davon 33 in der EU, 5 in der Schweiz). Die größten Träger der Globalisierung konzentrieren sich also in den drei führenden Regionen. Sie prägen eine tripolare Struktur aus. Es ergibt sich ein windschiefes Dreieck mit einem atlantischen Übergewicht.

---

³ Johann Wolfgang von Goethe, Der Zauberlehrling, in: ders. Werke, Hamburger Ausgabe Bd. I, Gedichte und Epen I, München 1988, S. 279.
⁴ Vgl. zu dieser Sichtweise: Michael Zürn, The Challenge of Globalization and Individualization: A View from Europe, in: Hans-Henrik Holm / Georg Sorensen (Hrsg.)Whose World Order? Uneven Globalization and the End of the Cold War, Boulder 1995, S. 137-163. Kritisch zu dieser Sichtweise der Globalisierung: Werner Link, Die neue Weltordnung, München 1998; Paul Hirst / Grahame Thompson, Globalization in Question, Cambridge 1996, Dani Rodrik, Sense and Nonsense in the Globalization Debate, in: Foreign Policy; Nr. 107, Summer 1997, S.19-36; Jürgen B. Donges / Andreas Freytag (Hrsg.) Die Rolle des Staates in einer globalisierten Wirtschaft, Stuttgart 1998.
⁵ Ralf Roloff, Globalisierung, Regionalisierung und Gleichgewicht, in: Carlo Masala / Ralf Roloff (Hrsg.), Herausforderungen der Realpolitik, Kölner Arbeiten zur Internationalen Politik, Bd.8, Köln 1998, S. 61-94.
⁶ FAZ, 7.7.1998, Beilage: Die hundert größten Unternehmen der Welt, S. B.9.

2. Nimmt man nun noch die Direktinvestitionen hinzu, die aus den drei Regionen Europa, Nordamerika und Asien getätigt werden, stellt man fest, daß die multinationalen Unternehmen aus den jeweiligen Regionen die jeweils größten Investoren in ihren eigenen Regionen sind. Zieht man die Investitionen der Triade untereinander hinzu, so zeigt sich auch hier eine tripolare Struktur mit einer Konzentration auf den transatlantischen Raum.[7]

3. Der internationale Handel wird zu 73,5% innerhalb der Triade Europa, Nordamerika, Japan abgewickelt, zu 21,5% zwischen der Triade und dem Rest der Welt und zu 5% im Rest der Welt. Innerhalb der Triade sind die USA und die Europäische Union jeweils die wichtigsten Handelspartner, vor allem im Bereich des Handels mit Dienstleistungen. Auch hier ist das Dreieck windschief.[8]

4. Obwohl die Unternehmen ihre Strategien als "global" bezeichnen, konzentrieren sich die strategischen Allianzen im Bereich der Hochtechnologie auf die Triade USA-Europa-Japan. 83% aller weltweiten strategischen Allianzen entfallen auf die Triade. Aber auch in diesem Bereich ist eine Konzentration auf den transatlantischen Raum auszumachen. Hier ist mit 65% aller weltweiter Allianzen der größte Anteil vorzufinden.[9]

Mit anderen Worten: Die Globalisierung gerät zur triadischen Veranstaltung mit einem transatlantischen Kern. In Anlehnung an Margaret Thatcher könnte man sogar sagen: There is no such a thing as globalization! Die Weltwirtschaft wird dominiert von einem Zwillingspaar: den USA und der Europäischen Union. Die amerikanische Zeitschrift *Business Week* sieht daher bereits ein atlantisches Jahrhundert am Horizont heraufziehen![10] Mit der Einführung des Euro ist die Europäische Union nun auch auf dem währungspolitischen Sektor zum gleichwertigen Konkurrenten der USA geworden.[11] Es entsteht eine Spannung zwischen der Verdichtung der transatlantischen Wirtschaftsbeziehungen und der Abgrenzung durch die Bildung des Wirtschaftsblocks Euroland. C. Fred Bergsten hat dies in den prägnanten Gegensatz gefaßt: The Dollar versus the Euro![12] Wer

---

[7] Paul Hirst / Grahame Thompson, Globalization in Question, Cambridge 1996, S. 63-65 und Wolfgang H. Reinicke, Die transatlantische Wirtschaftsgemeinschaft, Gütersloh 1997, S.53.

[8] Vgl. Axel Borrmann u.a., Regionalismustendenzen im Welthandel, Baden-Baden 1995, S. 19 und Wolfgang H. Reinicke, a.a.O. (Fußnote 7), S. 26f.

[9] Wolfgang H. Reinicke, a.a.O., S. 42.

[10] The Atlantic Century?, in: Business Week, No. 3615, 8. Februar 1999, S. 64-73. Nun hat das Ausrufen bestimmter Jahrhunderte, das amerikanische, das pazifische, das asiatische, seit geraumer Zeit Konjunktur. Die Halbwertzeit solch postulierter Jahrhunderte beträgt allerdings kaum länger als ein Jahrzehnt.

[11] Schätzungen von C. Fred Bergsten zufolge wird der Euro 40% des globalen Finanzvolumens auf sich ziehen, der Dollar ebenfalls 40% und der Yen sowie der Schweizer Franken ca. 20%, siehe: C. Fred Bergsten, Expect a Big Euro and Start Transatlantic Planning, in: International Herald Tribune, 8.5.1998.

[12] C. Fred Bergsten, The Dollar and the Euro, in: Foreign Affairs, Vol. 76, Nr.4, 997, S.83-95.

also über die Globalisierung sprechen möchte, muß folglich auch und sehr viel stärker als bisher über die Regionalisierung sprechen.

Dies um so mehr, weil eine der zentralen Antworten auf die Globalisierung, die von den Nationalstaaten gegeben worden ist und gegeben wird, Regionalismus heißt. Bei der WTO und ihrer Vorgängerin GATT sind seit 1948 bis heute insgesamt 126 regionale Abmachungen registriert worden. Im sogenannten "Zeitalter der Globalisierung" sind seit 1990 alleine 50 regionale Präferenzabkommen registriert worden. Das sind 40%! In dieser Rechnung sind nur diejenigen regionalen Präferenzabkommen enthalten, die GATT-konform sind, d.h. nahezu den gesamten Handel zwischen den regionalen Partnern umfassen. Alle Abkommen, die nur einzelne Bereiche oder auch nur große Teile des regionalen und interregionalen Handels umfassen, werden nicht erfaßt. Die tatsächliche Zahl der regionalen Präferenzabkommen ist also noch größer.

Die Globalisierung führt nicht zu einer Entgrenzung, sondern zu einer Verdichtung der wirtschaftlichen Beziehungen auf die Triade einerseits und zu einer regionalen Abgrenzung andererseits. Daraus ergibt sich ein Spannungsfeld für die transatlantischen Beziehungen. Handelskonflikte nahmen in den letzten Jahren nicht nur zu, sie verschärften sich auch. Der Wettbewerb zwischen Nordamerika und der Europäischen Union wird verbissener.

3. Interregionalismus - flexible Zusammenarbeit zwischen Regionen
Was ergibt sich daraus für die internationale Politik und die Bildung einer transatlantischen Lerngemeinschaft?

Zum einen entsteht eine neue Form der Diplomatie, die trianguläre Diplomatie. Die transnationalen Akteure werden nicht nur in die klassische Diplomatie eingebunden - Staatsbesuche mit großem Troß an Wirtschaftskapitänen -, sondern die Ergebnisse der Verhandlungen zwischen den transnationalen Akteuren müssen von den Staaten immer stärker in ihr Kalkül einbezogen werden. Die Fusion von Daimler und Chrysler 1998 illustrierte die Wirkungsweise der triangulären Diplomatie sehr beeindruckend. Susan Strange hat darauf hingewiesen, daß sich die Macht zur Wertzuweisung in den zentralen Bereichen Sicherheit, Finanzen, Produktion und Wissen von den Staaten weg hin zu den gesellschaftlichen Akteuren verschiebt.[13]

Zum anderen bildet sich der Interregionalismus, die politisch betriebene Verdichtung der Beziehungen zwischen den großen Regionen, heraus.[14] Es entstand 1989 APEC, die asiatisch-pazifische wirtschaftliche Zusammenarbeit zwischen 21 Staaten des pazifischen Beckens. 1996 wurde ASEM, *das Asia Europe Meeting* für die Beziehungen der Europäischen Union mit den Ländern

---

[13] Susan Strange, The Retreat of the State, Cambridge 1996 passim.
[14] Vgl. hierzu ausführlich: Ralf Roloff, Das interregionale Konzert. Europa, Amerika und Asien zwischen Globalisierung und Regionalisierung, Habilitationsschrift Köln 1999 (im Erscheinen) und ders., Globalisierung, Regionalisierung und Gleichgewicht, in: Carlo Masala / Ralf Roloff (Hrsg.), Herausforderungen der Realpolitik, Köln 1998, S. 61-94.

Asiens ins Leben gerufen. Bereits 1995 hatten die Europäische Union und die Vereinigten Staaten von Amerika ihre Beziehungen mit der Neuen Transatlantischen Agenda auf eine neue Grundlage gestellt Betrachtet man diese drei Formen der interregionalen Kooperation zusammen, so läßt sich folgendes feststellen: Es ist ein interregionales Konzert als Antwort auf die Globalisierung und die Regionalisierung im weltwirtschaftlichen windschiefen Dreieck Europa - Amerika - Asien entstanden. Der Interregionalismus in der Triade unterscheidet sich durch fünf Merkmale von anderen Formen internationaler Kooperation: 1. völkerrechtliche Unverbindlichkeit, 2. flexible institutionelle Konstruktion, 3. Ausrichtung an einer Konzertierung, 4. starke ökonomische Orientierung sowohl mit interregionaler wie multilateraler Ausrichtung, 5. starke transnationale Beteiligung.

Der Interregionalismus belegt die Lern- und Anpassungsfähigkeit der Staaten und widerlegt die These vom Bedeutungsverlust und der Denationalisierung durch den Globalisierungsprozeß. Er bezieht die gesellschaftlichen Akteure und hier vor allem die Träger des Globalisierungsprozesses in die interregionale Zusammenarbeit ein. Der Nationalstaat verliert nicht, sondern er gewinnt sogar an Bedeutung als strategisch plazierte Entscheidungs- und Vermittlungsinstanz. Die Globalisierungsfalle entpuppt sich als Jungbrunnen!

4. Die Neue Transatlantische Agenda
Die USA und die Europäische Union haben auf die Globalisierung und die Regionalisierung mit der Bildung einer interregionalen Kooperation reagiert, die eine transatlantische Lerngemeinschaft ist: Die Neue Transatlantische Agenda. Sie wurde im Dezember 1995 auf dem europäisch-amerikanischen Gipfel in Madrid verabschiedet.[15] Die Neue Transatlantische Agenda baut auf den zaghaft entwickelten Strukturen der Transatlantischen Erklärung von 1990 auf. Die Neue Transatlantische Agenda ist nicht der oft geforderte Atlantische Vertrag und ob sie die transatlantischen Beziehungen neu erfinden wird, wie Stuart Eizenstat es sieht, bleibt abzuwarten. Der Neuen Transatlantischen Agenda wurde ein umfangreicher gemeinsamer Aktionsplan angefügt, der das Ergebnis der Zusammenarbeit zwischen politischen und wirtschaftlichen Akteuren ist. Der Kern dieses Aktionsplanes ist die Schaffung eines transatlantischen Marktplatzes. Wohlgemerkt geht es nicht um die Errichtung einer Freihandelszone, sondern um eine Reduzierung bestehender tarifärer und nichttarifärer Handelshemmnisse.

Die Neue Transatlantische Agenda verfolgt vier Ziele.[16] So sollen die Europäische Union und die USA mit dieser interregionalen Zusammenarbeit

1. Frieden, Stabilität, Demokratie und Entwicklung auf der ganzen Welt fördern;
2. gemeinsam auf globale Herausforderungen reagieren;
3. zur Erweiterung des Welthandels und zu engeren Wirtschaftsbeziehungen beitragen;

---

[15] Vgl. Anthony Lawrence Gardner, A New Era in US-EU Relations?, Aldershot 1997.
[16] Das Dokument ist abgedruckt in: Internationale Politik 5/1996 S. 99-132.

4. Brücken über den Atlantik bauen.

Das klingt sehr allgemein und unverbindlich, hat aber bisher in der Tat die interregionale Kooperation seit 1995 zwischen der Europäischen Union und den Vereinigten Staaten verbessert bzw. nicht verschlechtert - und zwar trotz Bananen, Hormonen und Helms-Burton![17] Auch wenn die Ziele sehr umfassend formuliert sind, so läßt sich nicht verkennen, daß die Neue Transatlantische Agenda einen eindeutigen Schwerpunkt auf den Wirtschaftsbeziehungen hat. Das dritte Ziel, zur Erweiterung des Welthandels und zu engeren Wirtschaftsbeziehungen beizutragen, steht eindeutig im Zentrum der Bemühungen. Die interregionale Kooperation orientiert sich dabei an einer vertikalen Subsidiarität zwischen dem Multilateralismus im Rahmen der WTO, den transatlantischen Wirtschaftsbeziehungen und den jeweiligen regionalen Arrangements im Rahmen der Europäischen Union und der NAFTA.

5. Der Transatlantische Geschäftsdialog - die Verschränkung von Politik und Wirtschaft

Wirklich neu in den Beziehungen ist die Erkenntnis der politisch Verantwortlichen, daß die Betroffenen selbst am besten sagen können, wo sie der Schuh drückt und wie man dieses Drücken am besten beheben kann. Auf die Initiative der ehemaligen EU-Kommissare Brittan und Bangemann sowie des verstorbenen US-Handelsministers Ron Brown kam 1995 der Transatlantische Geschäftsdialog zustande.

In Sevilla trafen sich im November 1995 die Vorstandsvorsitzenden von 200 europäischen und amerikanischen Großunternehmen und diskutierten über die Probleme und Hemmnisse in den transatlantischen Wirtschaftsbeziehungen. Damit konstituierten sie den Transatlantischen Geschäftsdialog (*Transatlantic Business Dialogue* - TABD) der sich seither zu einer tragenden Säule der Neuen Transatlantischen Agenda entwickelt hat. Um ihre Diskussionen zu strukturieren, schufen die Geschäftsleute vier Arbeitsgruppen: AG I: Standards, Zertifizierung und Regulierungspolitik ; AG II Handelsliberalisierung; AG III: Investitionen; AG IV: Drittländer. Das Ergebnis war eine sehr detaillierte Liste der bestehenden Hemmnisse und Vorschläge zu ihrer Beseitigung.[18] Die Staats- und Regierungschefs, die sich einen Monat später trafen, nahmen ca. 80-90% aller Anregungen in den transatlantischen Aktionsplan auf und baten darüber hinaus die Geschäftsleute, auch weiterhin Anregungen zu unterbreiten. Die Geschäftsleute vereinbarten, ein halbes Jahr nach dem ersten Treffen im Mai 1996 die Umsetzung

---

[17] Insgesamt negativer in der Einschätzung sind Ernst-Otto Czempiel , a.a.O. (Fußnote 2) und Christopher Bail / Wolfgang H. Reinicke/ Reinhardt Rummel, a.a.O., (Fußnote 2).Eine erste Einschätzung aufgrund praktischer Erfahrungen geben: Horst Krenzler / Astrid Schomaker, A New Transatlantic Agenda, in: European Foreign Affairs Review, Vol.1, Nr.1, 1996, S.9-28.

[18] Seville Recommendations of the TABD, November 1995 abgedruckt in: Anthony Laurence Gardner, a.a.O.

ihrer Empfehlungen zu überprüfen.[19] Seither arbeiten die europäischen und amerikanischen Geschäftsleute in enger Kooperation mit den politisch Verantwortlichen daran, mit ihren Anregungen und Vorschlägen die bestehenden Hemmnisse abzubauen. Mit dem Beschluß, die Umsetzung ihrer Empfehlungen zu überprüfen, machten die Geschäftsleute deutlich, daß sie sich in ihrer Arbeit nicht von Vorgaben der Politik leiten lassen würden, sondern umgekehrt den politisch Verantwortlichen Anregungen für die Verbesserung der transatlantischen Wirtschaftsbeziehungen geben wollten.

Die Arbeitsweise des Transatlantischen Geschäftsdialogs kann geradezu als modellhaft für die trianguläre Diplomatie bezeichnet werden. Zunächst erarbeiten europäische und amerikanische Geschäftsleute sowohl getrennt als auch in transatlantischer Zusammensetzung Vorschläge und Empfehlungen an die Europäische Kommission und die amerikanische Administration. Gemeinsame Vorschläge des Transatlantischen Geschäftsdialogs kommen nur im Konsens zustande und werden auf den jährlichen Treffen der Vorstandsvorsitzenden verabschiedet. Dies ist der erste Schritt in der triangulären Diplomatie, nämlich die Verhandlungen zwischen den gesellschaftlichen Akteuren. Der zweite Schritt, die Verhandlungen zwischen den gesellschaftlichen Akteuren und den Regierungen, folgt gleichfalls auf den jährlichen Konferenzen. Die Geschäftsleute unterbreiten den Vertretern der Europäischen Kommission und der US-Administration ihre Vorschläge und diskutieren sie mit ihnen. Im dritten Schritt nehmen die Regierungsvertreter die Anregungen auf und setzen sie in Verhandlungen zwischen der EU-Kommission und der US-Administration in bilaterale Abkommen um. Darüber hinaus versucht der Transatlantische Geschäftsdialog seit 1998 verstärkt die bestehenden Kontakte zum Europäischen Parlament, zum Europäischen Rat und zum amerikanischen Kongreß auszubauen und zu vertiefen. Mit diesem Lobbying bei den legislativen Organen soll die Umsetzung der Empfehlungen des Transatlantischen Geschäftsdialogs in Form von bilateralen Abkommen und unilateralen Gesetzesmaßnahmen verbessert werden. Die Geschäftsleute schlugen 1998 außerdem vor, die Generaldirektoren und die Leiter der Bereiche des Transatlantischen Geschäftsdialog an den halbjährlich stattfindenden EU-US-Gipfeltreffen teilnehmen zu lassen.

Den organisatorischen Kern des Transatlantischen Geschäftsdialogs bilden die jährlichen Konferenzen der Vorstandsvorsitzenden, an denen auch die Vertreter der Europäischen Kommission und der amerikanischen Administration teilnehmen.[20] Auf diesen jährlichen Konferenzen reichen die Wirtschaftsvertreter ihre Empfehlungen an die politisch Verantwortlichen weiter und diskutieren mit ihnen den Stand der transatlantischen Wirtschaftsbeziehungen.

Um diesen Kern gruppieren sich die in drei Bereiche zusammengefaßten Arbeitsgruppen:

---

[19] Vgl.: Progress Report of the TABD, May 1996, Washington D.C. 1996.
[20] Vgl. im folgenden: Hanns R. Glatz, Der Transatlantische Unternehmerdialog, Typoskript, Brüssel 1998.

Bereich I: Technische Vorschriften
Bereich II: Vereinfachung der Geschäftstätigkeit
Bereich III: Globale Themen.

Hinzu kommt noch ein Bereich, der sich um die Kontakte zu den kleinen und mittleren Unternehmen bemüht. Die in die drei Bereiche aufgegliederten 35 Arbeitsgruppen umfassen jeweils mehrere Wirtschaftssektoren, sind also horizontal und nicht sektorspezifisch organisiert. Lediglich im Bereich I finden sich überwiegend Arbeitsgruppen, die sich mit sektorspezifischen Handelshemmnissen und Marktzugangsproblemen befassen. Darunter befinden sich u.a. so konfliktträchtige Sektoren wie biotechnologisch veränderte Agrarprodukte, Biotechnologie, Pharmazeutika, Luftfahrt, Elektronik, Telekommunikation und Informationstechnologie.

Das Forum wird geleitet von zwei Generaldirektoren, einem amerikanischen und einem europäischen Vorstandsvorsitzenden, die jeweils einen ihrer Mitarbeiter zum *Working Chair* ernennen. Die beiden Generaldirektoren bitten vier weitere Vorstandsvorsitzende, die Leitung der Bereiche zu übernehmen. Diese *Group Principals* ernennen ihrerseits *Group Managers*, die die Arbeit der Bereiche organisieren und koordinieren. Die Generaldirektoren und die *Group Principals* bilden gemeinsam das sogenannte *Steering Committee at Principals' Level*, dem auf der europäischen Seite zusätzlich der Vorsitzende des *European Roundtable of Industrialists* (ERT) und der Präsident des Dachverbands der europäischen Wirtschaft (UNICE) angehören.

Die Leitung der Arbeitsebene obliegt dem *Executive Committee*. Es besteht aus den beiden *Working Chairs*, den *Group Managers* sowie den Geschäftsführern des *European Round Table of Industrialists*, des Dachverband der europäischen Wirtschaft (UNICE) und des *Transatlantic Policy Network* (TPN). Als drittes Gremium des Transatlantischen Geschäftsdialogs hat sich *das Steering Committee at Working Level* etabliert. Es wird gebildet aus den Mitgliedern des *Executive Committes* und allen Koordinatoren der ca. 35 Arbeitsgruppen, den sogenannten *Sector Managers* und *Issue Managers*.
Die drei Gremien - *Steering Committee at Principals Level*, *Executive Committee* und *Steering Committee at Working Level* - treten transatlantisch und getrennt in der Europäische Union und in den Vereinigten Staaten zusammen.

Der Input für die politischen Entscheidungsträger ist beträchtlich und es war bisher auch keineswegs so, daß die Empfehlungen des Transatlantischen Geschäftsdialogs ungelesen in den Schubladen der Kommission und der Ministerien verschollen wären.[21] Im Gegenteil: Aufgrund der Anregungen aus den Arbeitsgruppen des TABD konnten zahlreiche nichttarifäre Handelshemmnisse abgebaut werden, teilweise sogar ohne große gesetzgeberische Anstrengungen, sondern einfach auf dem Verwaltungsweg. Andere wurden in Angriff genommen

---

[21] Vgl. hierzu ausführlich: Ralf Roloff, Das interregionale Konzert, a.a.O., insb. das Kapitel: Der nordamerikanisch-europäische Interregionalismus.

und durch bilaterale Vereinbarungen der USA und der Europäischen Union umgesetzt, so das leidige Problem der doppelten Standardprüfung. 1997 wurde das Abkommen über die gegenseitige Anerkennung (MRA - *Mutual Recognition Agreement*) in sechs Sektoren abgeschlossen. Dieses Abkommen schafft Erleichterungen für ein Handelsvolumen von ca. 50 Milliarden US-Dollar und es spart jährlich ca. eine Milliarde US-Dollar ein, weil die doppelte Prüfung entfällt. An einer Ausweitung sind vor allem die pharmazeutische, die chemische und die kosmetische Industrie interessiert. Derzeit wird überprüft, ob es auch auf den Bereich der Biotechnologie ausgedehnt werden kann. Ein Abkommen über die Anerkennung im Dienstleistungssektor wird gerade von der EU-Kommission und der US-Administration geprüft. Ebenso brachten die Geschäftsleute ihre praktischen Erfahrungen beim Zustandekommen des Zollverwaltungsabkommen zwischen der Europäischen Union und der USA ein. Andere Empfehlungen des TABD blieben seit 1995 bisher unerhört. So tritt man in den Fragen über den elektronischen Geschäftsverkehr ebenso auf der Stelle, wie bei der Initiative zur Selbstzertifizierung technologischer Produkte. Auch zeigten sich EU-Kommission und US-Administration wenig beeindruckt von den Vorschlägen zur Festlegung bestimmter Richtlinien bei der Einführung neuer Regulierungsvorschriften. Auch bleiben weiterhin Zollverfahrensfragen ungeklärt, die nicht im Zollabkommen geklärt wurden.

Die Empfehlungen des Transatlantischen Geschäftsdialogs beschränken sich aber nicht auf die transatlantischen Wirtschaftsbeziehungen, sondern richten sich auch auf Probleme im Rahmen der WTO und der OECD. So war der TABD maßgeblich an der Vorbereitung des Informationstechnologieabkommens von 1997 im Rahmen der WTO beteiligt. Dieses Abkommen führt im Jahre 2000 nahezu weltweit zu einem vollständigen Zollabbau auf Produkte im Bereich der Informationstechnologie, mit Ausnahme der Unterhaltungselektronik. Auch für die Ausarbeitung des WTO-Abkommens über Finanzdienstleistungen war der TABD ein wichtiger Ideengeber, dessen Vorschläge gemeinsam von der europäischen und der amerikanischen Delegation in den WTO-Gremien vertreten wurden. Im Rahmen der OECD griffen die politisch Verantwortlichen der EU und der USA auf die Empfehlungen der Geschäftsleute zurück und brachten sie in das OECD-Abkommen gegen Korruption und Bestechung ein.

Nun ist allerdings auf diesem glanzvollen Bild des TABD ein Schatten auszumachen. Der TABD befaßt sich nicht nur einvernehmlich mit den transatlantischen Wirtschaftsbeziehungen. In den heiklen Bereichen wie biotechnologisch veränderten Agrarerzeugnissen, pharmakologischen Produkten und der Luftfahrtindustrie lassen sich auch zwischen den Geschäftsleuten nur schwerlich gemeinsame europäisch-amerikanische Positionen finden. In Zukunft könnte sich die gute Zusammenarbeit daher ein wenig verschlechtern, wenn die Vereinigten Staaten von Amerika an den verhängten 100% Strafzöllen auf europäische Produkte festhalten, um die EU im Hormonstreit zum Einlenken zu bewegen. Ein weiterer Aspekt ist, daß auch in anderen Regionen zwischen den Geschäftsleuten die gleichen Konfliktlinien bestehen wie zwischen den politischen Repräsentanten der USA und der Europäischen Union. Das betrifft

Fragen des Patentrechtes ebenso wie die wirtschaftlichen Sanktionen aufgrund der exterritorialen Gesetzgebung der USA durch den *Helms-Burton-Act* und die *d´Amato Bill*. Das ist deshalb so interessant, weil doch die transnationalen Multis ein besonderes Interesse an interregionaler Kooperation haben und weniger an Konfrontation. Dennoch besteht hier ein nicht zu unterschätzendes Konfliktpotential.

1998 wurde die Transatlantische Wirtschaftspartnerschaft ins Leben gerufen. Sie bildet den Überbau für den Transatlantischen Geschäftsdialog, der die tragende Säule dieser Partnerschaft ist. Diese Partnerschaft ist insofern erfolgreich, als es gelungen ist, in diesem transatlantischen Lernprozeß Hindernisse im interregionalen Wirtschaftsaustausch zu erkennen und zu beheben und so das Projekt des Transatlantischen Marktplatzes voranzubringen. Beispielsweise setzte die EU im Februar 1999 auf amerikanischen Druck die bereits verabschiedete Richtlinie zum Fluglärm außer Kraft, um amerikanische Fluglinien, deren Maschinen die neuen Richtwerte deutlich überschreiten, nicht vom europäischen Markt auszuschließen. Die EU-Kommission zog die Richtlinie allerdings zurück, weil sie einen weiteren Konflikt mit den USA verhindern wollte, die ihr bereits gedroht hatte, ein Verfahren bei der WTO anzustrengen.

Die Partnerschaft trägt aber über die Regionen hinaus vor allem in der WTO Früchte. Sieht man einmal von den spektakulären Konflikten ab, dann hat die europäisch-amerikanische interregionale Kooperation maßgeblich dazu beigetragen, die Abkommen über Finanzdienstleistungen, Telekommunikation und die internationale Technologie abzuschließen. Allerdings stocken die Beratungen über das Multilaterale Abkommen über Investitionen (MAI), und das Scheitern des *Fast Track* Gesetzes 1997 im amerikanischen Kongreß macht die Verhandlungen im multilateralen Rahmen nicht leichter.

6. Perspektiven der Transatlantischen Lerngemeinschaft - Eine atlantische Zivilisation?

Trotz des wirtschaftlichen Schwerpunktes hat sich unter dem Titel "Brückenschlag über den Atlantik" eine engere Zusammenarbeit der politischen Ebene, aber auch im gesellschaftlichen Bereich entwickelt, die zwar nicht spektakulär, aber auch nicht unbedeutend ist. Sie trägt nämlich dazu bei, die politischen und die Arbeitsbeziehungen zu intensivieren und somit ein wenig selbstverständlicher zu machen. So verbessert sich die außenpolitische Kultur der transatlantischen Beziehungen, in die nunmehr auch die gesellschaftliche Ebene einbezogen wurde.

Es haben sich die Kontakte des amerikanischen Bildungsministeriums und der Generaldirektion XXII der EU-Kommission, die für Ausbildung und Erziehung zuständig ist, verbessert. Bereits im Dezember 1995 unterzeichneten die damalige EU-Kommissarin Edith Cresson und der amerikanische Minister Reilly ein Abkommen über die Zusammenarbeit im Bereich der beruflichen Ausbildung und über den akademischen Austausch. Auch die Beziehungen zwischen der

Generaldirektion V der EU-Kommission, die für Beschäftigung, industrielle Beziehungen und soziale Angelegenheiten zuständig ist, und dem amerikanischen Arbeitsministerium haben sich intensiviert und verbessert, was in einem *Memorandum of Understanding* zur Einsetzung einer gemeinsamen Arbeitsgruppe über Probleme der Arbeitsbeziehungen und der Beschäftigung führte. Daraus hat sich in der Zwischenzeit der Transatlantische Arbeitsdialog entwickelt, an dem Vertreter der Arbeitgeber, der Arbeitnehmer und der Politik beteiligt sind.

Die produktive und kreative Arbeitsweise zwischen Politik und Wirtschaftsvertretern, die man auch als "smarte Politik" und als *Management By Deligition* bezeichnen könnte, wurde auch auf andere Bereiche ausgedehnt: So hat man neben dem Transatlantischen Geschäftsdialog eine Initiative für kleine und mittlere Unternehmen ins Leben gerufen, den Transatlantischen Arbeitsdialog, den Transatlantischen Verbraucherdialog, und ab Frühjahr 1999 den Transatlantischen Umweltdialog. Bereits 1997 schlugen die EU-Kommission und die amerikanische Seite vor, das Erfolgsmodell des TABD auch auf die Zusammenarbeit der Nichtregierungsorganisationen zu übertragen. Unter dem Motto "Bridging the Atlantic: People-to-People Links" nahmen im Mai 1997 300 Persönlichkeiten aus Politik und von Nichtregierungsorganisationen an einer ersten Konferenz in Washington teil.

Es wächst also eine transatlantische Familie von Foren heran, die nicht nur nach dem Peter Steuywesand-Motiv *Come Together* arbeiten, sondern viel stärker an konkreten Ergebnissen und am Ausbau eines transatlantischen Marktplatzes mit möglichst wenigen Hindernissen orientiert sind. Die Neue Transatlantische Agenda ist in der Tat eine neue Form des transatlantischen Lernens, die eine vielversprechende Antwort auf das Spannungsfeld von Globalisierung und Regionalisierung gibt.

Dieses Netzwerk der transatlantischen Verbindungen dehnt sich immer weiter auf die gesellschaftliche Ebene aus. Damit bietet sich die Chance, das bestehende Paradoxon der transatlantischen Beziehungen zu überwinden, das in einer Verdichtung der ökonomischen Beziehungen und einer Ausdünnung der gesellschaftlichen Beziehungen besteht. Den oft beklagten transatlantischen Befindlichkeiten des nachlassenden Interesses diesseits und jenseits des Atlantiks könnte so entgegengewirkt werden. Der Prozeß, der mit der Umsetzung der Neuen Transatlantischen Agenda angestoßen worden ist, könnte zu einer atlantischen Zivilisation (Hannah Arendt) führen, die von den Politikern angestoßen wurde, sich aber von deren Vorgaben löst und eine Modernisierung oder sogar eine Neuerfindung der transatlantischen Beziehungen (Stuart Eizenstat) herbeiführt.

Entscheidend für die weitere Entwicklung dieser Lerngemeinschaft wird sein, ob sich die interregionalen Beziehungen künftig kooperativ oder konfrontativ gestalten werden. Betrachtet man die Machtverschiebung im transatlantischen Verhältnis, die zunehmende Binnenorientierung im amerikanischen Kongreß, und die Zunahme der Handelskonflikte, die sich in letzter Zeit verschärfen, wird deutlich, daß dies nicht nur eine akademische Frage ist, sondern eine

Schlüsselfrage der internationalen Politik. Denn wie Stuart Eizenstat, der amerikanische Staatssekretär im Außenministerium für wirtschaftliche, unternehmerische und landwirtschaftliche Angelegenheiten, im Januar 1999 in Bonn festgehalten hat: Wie unsere Volkswirtschaften funktionieren, so funktioniert die Welt![22]

> **Dr. Ralf Roloff** ist wissenschaftlicher Mitarbeiter am Forschungsinstitut für Politische Wissenschaft und Europäische Fragen der Universität Köln. Seine Habilitationsschrift "Das interregionale Konzert: Europa, Amerika und Asien zwischen Globalisierung und Regionalisierung" hat er 1998 abgeschlossen. Zu seinen Forschungsschwerpunkten gehören die internationale Politik, die europäisch-amerikanischen Beziehungen sowie die deutsche Außenpolitik. Dr. Roloff hat an der Universität Trier und an der New York University studiert und ist zusammen mit Werner Link und Carlo Masala Herausgeber der "Kölner Arbeiten zur Internationalen Politik".

---

[22] Stuart Eizenstat, Die Euroatlantische Partnerschaft, in: Stichworte zur Sicherheitspolitik, 2/1999, S.40-48.

Ernst-Otto Czempiel

Deutschland und die USA in der Weltpolitik – Gemeinsamkeiten, Defizite, Perspektiven

ICH beginne mit einer Übersicht über den Stand der deutsch-amerikanischen Beziehungen als Einstieg in die umfassendere Frage "Globalisierung der sicherheitspolitischen Dimension unter besonderer Berücksichtigung der amerikanisch-deutschen Beziehungen". Dem Augenschein nach und in der Faktizität der aktuellen Ereignisse, waren die amerikanisch-deutschen Beziehungen nie so gut wie heute und seit dem 24. März. Zum ersten Mal nehmen deutsche Soldaten, deutsche Piloten an einem Waffengang der NATO teil. Zusammen mit amerikanischen, englischen, italienischen Piloten fliegen deutsche Flugzeuge die Einsätze gegen Serbien; deutsche Tornados kämpfen Seite an Seite mit amerikanischen Tarnkappenbombern. Wir haben es hier mit einer bis dato nicht gekannten, weil auch nicht angeforderten Eintracht des Bündnisses zu tun, die über alle Facetten hinweg dokumentiert und auch apostrophiert wird.

Die amerikanisch-europäischen Beziehungen und innerhalb dieses Kollektivs die amerikanisch-deutschen Beziehungen sind unter dieser Perspektive ganz ausgezeichnet. Im Gegensatz zum Golfkrieg II, wo sich die Bundesrepublik aus verfassungsrechtlichen Gründen von einer aktiven Beteiligung ferngehalten hatte, hat sie diesmal von Anfang an aktiv an der Intervention in Serbien mitgewirkt. Wenn man die europäischen und die amerikanischen, gerade auch die britischen Zeitungen liest, dann sind sie alle des Lobes voll ob dieser Eintracht der Militärallianz und der Rolle der Deutschen darin, die, das wird natürlich auch am Rande immer wieder vermerkt, nach 50 Jahren der Abstinenz nun wieder aktiv die Waffen sprechen lassen. Es gehört schon zu den bittern Ironien der Geschichte, daß sie das ausgerechnet in Jugoslawien tun, wo sie noch 1941 in dieser Rolle gesehen wurden.

Die Geschlossenheit des Bündnisses wurde gewahrt - aber bei der Ausführung einer Aufgabe, die eigentlich gar nicht in die Aufgabenstellung des Bündnisses gehört. Das Bündnis ist 1949 gegründet und bis 1990 auch so geführt worden, daß es hauptsächlich, wenn nicht ausschließlich, zu Zwecken der Verteidigung eingesetzt, geplant und ausgestattet wurde. Das gilt insbesondere für die Bundesrepublik, deren Bundeswehr mit ihrer Wehrpflicht ihre Rationalität, ihre Legitimität und auch ihr Selbstverständnis fast exklusiv aus der Aufgabe der Verteidigung bezieht.

Mit der Intervention im Kosovo geht das Bündnis über diesen Auftrag der Verteidigung hinaus und unternimmt eine Intervention, die mit der ursprünglichen und langjährigen Bedeutung der NATO nicht mehr in Einklang zu bringen ist. Zwar versucht die NATO, sich und ihren Einsatz als ordnungspolitisch bedeutend, richtig und notwendig darzustellen; zwar gibt es die Entscheidung des

Bundesverfassungsgerichts, die in einer allerdings heiß umstrittenen Teilentscheidung den Regierungen das Recht zugesprochen hat, Bündnisse umzudefinieren, also den Gegenstand von Verträgen im Wege eines Verwaltungsaktes zu verändern, ohne die beteiligten Gesellschaften und deren Parlamente noch einmal zu fragen.

Jedenfalls haben wir es bei dem Eingriff der NATO in Serbien mit einer Intervention zu tun, die sich eine ganze Reihe höchst kritischer Fragen gefallen lassen muß. Immerhin ist das Bündnis die bedeutende Verbindung zwischen den Vereinigten Staaten und Westeuropa, die einzige organisierte Brücke. Und wenn dieses Bündnis Dinge unternimmt, die sich nicht im Rahmen des ursprünglichen Auftrags bewegen, dann rührt diese Abweichung an das Zentrum des Selbstverständnisses dieses Bündnisses.

Für diese Intervention im Kosovo gibt es keine völkerrechtliche Berechtigung. Es gibt kein Mandat der Vereinten Nationen, des Sicherheitsrates. Es gibt keine Verhältnismäßigkeit der angewendeten Mittel im Hinblick auf den erklärten Zweck. Es gibt auch keine Politik, die den Gewalteinsatz, also den Einsatz eines Verteidigungsbündnisses im Sinne und im Zuge einer Aggression im Rahmen eines bestehenden, eines laufenden Bürgerkrieges rechtfertigen würde. Es gibt keine politischen Ziele, die in einer irgendwie erkennbaren Relation zu dem gewählten Aufwand, zu den bedeutenden Schäden, die in Serbien angerichtet werden, stehen.

Dies alles sind also Anlässe genug, um das, was ich eingangs die demonstrative Einigkeit des Waffenbündnisses genannt habe, daraufhin zu prüfen, welche Bedeutung diese Intervention für die amerikanisch-deutschen Beziehungen hat. Ob sie in der Tat diese Stabilität aufweisen, die sie vordergründig zumindest durch die gemeinsamen Kämpfe dokumentieren, und welcher politische Stellenwert sich hinter dieser Intervention verbirgt für die Zukunft der NATO als dem einzigen, wichtigsten organisierten Verbindungsstück zwischen den Vereinigten Staaten und Westeuropa.

Ich möchte Ihnen in einem ersten Teil einen kurzen Rückblick bieten auf die Entwicklung der amerikanisch-deutschen Beziehungen im Rahmen der amerikanisch-europäischen Beziehungen. Ich möchte dann in einem zweiten Teil kurz eingehen auf die Zäsur, die 1990 stattgefunden hat mit dem Ende des Ost-West-Konfliktes. In einem dritten Teil werde ich vorführen, was ich als den Funktionswandel des Bündnisses bezeichne, der sich bis dato stillschweigend und seit dem 24. März explizit vollzogen hat. Daran möchte ich dann die Frage knüpfen, ob dieser Funktionswandel sich mit der Bedeutung des Bündnisses für die deutsch-, bzw. europäisch-amerikanischen Beziehungen noch verträgt.

Bis zum Ende des Ost-West-Konfliktes waren die amerikanisch-deutschen Beziehungen außerordentlich stabil, freundschaftlich, kooperativ, wenngleich nicht ganz problemlos. Das ist bei einem Bündnis dieser Größenordnung auch gar nicht anders zu erwarten. Es hatte bis 1990 eine hegemoniale Figur, wo die

Führungsmacht der Vereinigten Staaten auch die Führung der Militärallianz der NATO übernommen hatte. Seit 1962 wurde die Frage nach der Verläßlichkeit des amerikanischen Nuklearschutzes gestellt. Von Frankreich aufgegriffen, ist dieses Problem immer wieder intern in der NATO zur Diskussion gestellt worden. Mußte nicht die zunehmende Ungewißheit der Verläßlichkeit des amerikanischen Nuklearschutzes eine engere innereuropäische Kooperation bewirken, insbesondere eine deutsch-französische Kooperation? Sie würde auf der einen Seite das Übergewicht der Vereinigten Staaten kompensieren, auf der anderen Seite aber auch die Belastung der USA mindern.

Dieser Konflikt, der jetzt mehr als 35 Jahre alt ist und bis heute anhält, ist, bisher jedenfalls, immer zugunsten der Beibehaltung der amerikanischen Führung ausgegangen. Es hat einen zunehmenden Identifikationsbedarf der Westeuropäer gegeben, ein wachsendes Interesse an der Herausstellung einer europäischen Identität im Rahmen der NATO oder im Rahmen der Westeuropäischen Union. Diese Frage ist bis heute nicht ganz entschieden worden, aber bis 1990 ist es so geblieben, daß im Sachbereich der Sicherheit die amerikanische Führung unbestritten und die westeuropäische Folgeleistung ebenso unbestritten gewesen ist.

Damit unterschied sich der Sachbereich der Sicherheit von dem zweiten großen Sachbereich der Politik, nämlich dem der wirtschaftlichen Wohlfahrt. Hier haben die Europäer mit der Bildung der Europäischen Wirtschaftsgemeinschaft 1957, dann mit der Umwandlung in die Europäische Gemeinschaft und mit der Herausbildung des Gemeinsamen Marktes seit 1985 in der Tat eine Identität zustande gebracht, die das amerikanisch-europäische Verhältnis sehr ausgewogen gestaltete. Bei allen Konflikten im außenhandelspolitischen Bereich hat diese Ausgewogenheit auch dazu beigetragen, daß es zu einer Stabilisierung der Beziehungen gekommen ist. Im sicherheitspolitischen Bereich ist diese Stabilisierung ausgeblieben.

Was passierte 1990? Da ging der Ost-West-Konflikt zu Ende und warf damit auch die Frage auf: Was soll die künftige Rolle der Militärallianz in Europa sein, wenn sie zur Verteidigung nicht mehr gebraucht wird? Gleichzeitig stellte sich die Frage nach der Rolle der Europäer und der Deutschen in dieser Militärallianz neu. Beide Fragen sind in der Schwebe geblieben, jedenfalls eine Reihe von Jahren bis ungefähr 1994, weil es infolge der Erleichterung über das Ende des Ost-West-Konfliktes eine gewisse Sendepause in der Diskussion über die Rolle der NATO und die Bedeutung der Europäer darin gegeben hat.

Erst der Golfkrieg hat das Problem wieder auftauchen lassen mit der von mir schon erwähnten Abwesenheit der Deutschen - im Gegensatz zu Frankreich - bei der Vertreibung des Irak aus Kuwait. Davon abgesehen hat sich der alte Trend der Europäer, durch eine Verstärkung der europäischen Kooperation auch im Sachbereich der Sicherheit eine gewisse Gleichberechtigung mit den Vereinigten Staaten zu erreichen, weiter erhalten; er hat sich sogar verstärkt. Nach 1992 kommt es zur Intensivierung der deutsch-französischen Kooperation, das deutsch-französische Korps, später "Eurokorps" genannt, wird gebildet. Es kommt zur

Gründung der Europäischen Union im Vertrag von Maastricht mit der Perspektive, die Westeuropäische Union als den bewaffneten Arm der Europäischen Union zumindestens in Betracht zu ziehen. Wenn auch aus alledem nichts geworden ist, so sind doch eine Reihe von Veränderungen von 1990 bis 1994 in der Tektonik der sicherheitspolitischen Beziehungen zwischen den Vereinigten Staaten und Westeuropa aufgetreten, mit der Tendenz, die Identität Westeuropas in der NATO erheblich zu stärken.

Der amerikanische Präsident Clinton war der erste und auch bisher einzige amerikanische Präsident, der bereit gewesen ist, dieses Interesse der Westeuropäer an einer stärkeren Kooperation untereinander aufzufangen und ihm Raum zu geben. Bei der Gipfelkonferenz der NATO im Januar 1994 hat Präsident Clinton gesagt, daß die USA unter seiner Führung mit der Vergangenheit brechen würden, in der sie zwar immer über die europäische Einigung geredet und sie auch immer propagiert, aber im Übrigen alles getan haben, um sie zu verhindern. Er, sagte Clinton, wollte mit dieser Vergangenheit brechen und den Europäern die Möglichkeit einräumen, auch im Sachbereich der Sicherheit ihre eigene Rolle im Rahmen des atlantischen Bündnisses zu spielen.

Diese Bereitschaft zum Wandel, die der amerikanische Präsident hier signalisiert hatte, hat nicht lange angehalten. Im Herbst des gleichen Jahres 1994 hat Präsident Clinton, weitgehend aus Gründen der amerikanischen Innenpolitik, den Kurs gewechselt. Er hat mit der Osterweiterung der NATO die Militärallianz wieder zu dem gemacht, was sie bis 1990 eindeutig gewesen war, nämlich zu einem amerikanischen Führungsinstrument in Europa. Und dieses Führungsinstrument hat im Laufe der darauffolgenden Jahre die Konkurrenz mit den anderen Organisationen, die sich um die Neuorganisation Europas, um die Herausbildung einer europäischen Friedensordnung bemüht haben, aufgenommen und sukzessive auch gewonnen: die Konkurrenz zum Einen mit der Europäischen Union, die Konkurrenz zum Zweiten mit der 1990 ins Leben gerufenen Organisation für Sicherheit und Zusammenarbeit in Europa. Mit ihrer Osterweiterung rückte die NATO als das bestimmende ordnungspolitische Element in Europa nach vorn. Es ging bei diesem Prozeß nicht nur darum, die Sicherheitsbedürfnisse der Osteuropäer, jedenfalls der erst aufgenommenen drei zu befriedigen, sondern es ging eben gerade auch immer darum, die Militärallianz als ordnungsstiftenden Faktor durchzusetzen und zu präferieren gegenüber den anderen Institutionen, die sich um diese Rolle bemüht hatten. Ich betone es deswegen, weil einer der Gründe, die in den Vereinigten Staaten von führender politischer Seite schon im vorigen Herbst für den militärischen Einsatz in Serbien angeführt worden sind, der war, die führende Rolle der NATO als Ordnungsinstitut in Europa endgültig zu befestigen, und damit alle anderen Konkurrenten auf die Plätze zu verweisen.

Für die Europäer blieb aus der von Clinton 1994 zugesagten größeren Rolle nur die "Europäische Sicherheits- und Verteidigungsidentität" übrig, die in dem Konzept der alliierten Streitkräftekommandos, der *Combined Joint Task Forces*, 1996 in Berlin beschlossen worden ist. Sie verwirklicht die engere Kooperation der Westeuropäer im Rahmen der NATO, die nach wie vor von den Vereinigten

Staaten geführt und als Führungsinstrument in Europa und perspektivisch auch schon in der Welt eingesetzt wird.

Nur im Vorübergehen sei darauf hingewiesen, daß die Interessen, die die Europäer an einer Reform der NATO hatten, etwa an einer stärkeren Beteiligung Europas an der Besetzung der Führungsposten in der NATO - ich erinnere an das lange Werben der Franzosen um die europäische Besetzung des Kommandos Süd - unbefriedigt geblieben sind.

Von einer neuen transatlantischen Agenda, also von dem gerade von Bundeskanzler Kohl und dem damaligen Außenminister Kinkel propagierten Versuch, das ganze amerikanisch-europäische Verhältnis auf eine neue Basis zu stellen, die nicht mehr allein von der Militärallianz gebildet würde, sondern von einer neuen Organisation zwischen Westeuropa und den Vereinigten Staaten, war nur ganz kurzfristig die Rede. Auf der Wehrkundetagung 1995 haben sich zwar alle europäischen Außenminister für eine solche Neuordnung eingesetzt. Dennoch ist es bis heute dabei geblieben, daß die einzige Verbindung zwischen Amerika und Westeuropa die Militärallianz ist, die eben jetzt auch noch in die Rolle des ordnungsbildenden Faktors in Europa einrückt.

Ich betone das deswegen, weil die Tatsache, daß die amerikanisch-europäische Beziehung von einer Militärallianz strukturiert wird, notwendigerweise einen relativ hohen Grad von Spannung in der internationalen Umwelt impliziert, der die Existenz der Militärallianz rechtfertigt. Hätten wir eine politische Brücke, würde dieser unglückselige Nexus entfallen, der sich schon während des Kalten Krieges immer wieder als Bremse für eine stärkere Entspannungspolitik bemerkbar gemacht hatte. So aber ist durch diese Benutzung der Verteidigungsallianz als politisches Bindemittel eine Abhängigkeit hergestellt worden zwischen der Stabilität der europäisch-amerikanischen Beziehungen auf der einen Seite und einem beträchtlichen, jedenfalls meßbaren Grad militärischer Spannung in der Umwelt dieses Verteidigungsbündnisses auf der anderen. Ohne diesen erkennbaren, meßbaren Grad von Spannung wäre natürlich die NATO in ihrer Existenz gefährdet.

Und so kam es denn, daß die NATO nach immer neuen Aufgaben gesucht hat - *out of area* oder *out of business* hieß das Schlagwort in den 90er Jahren, in denen sie ihre Existenz bewähren und bewahren konnte. Wer - das übertreibe ich jetzt ein bißchen - Amerika an Westeuropa und Westeuropa an die Vereinigten Staaten binden wollte, mußte und muß dafür sorgen, daß die Existenz der Militärallianz durch ein meßbares Maß an Spannung gerechtfertigt wird.

In dieser Perspektive muß man die neuen Aufgabenstellungen bewerten, über die die NATO auf ihrer Jubiläumstagung im April in Washington beraten wird. Erstens: Globalisierung der Militärallianz mit dem Zweck, Kontrolle und Non-Proliferation der Massenvernichtungswaffen zu gewährleisten - ich komme auf diesen Punkt noch einmal zurück. Zum zweiten: aktiver Kampf gegen den Terrorismus. Schließlich das Hauptziel: eine neue Strategie zur Vermeidung der

Weiterverbreitung von Massenvernichtungswaffen. *Counter-Proliferation* setzt auf die gewaltsame Verhinderung der Ausbreitung von Massenvernichtungswaffen. Bisher hatte die Allianz dieses Ziel der Kooperation im Rahmen der Vereinten Nationen anvertraut, der Bereitschaft aller, auf die Weiterverbreitung zu verzichten. Es wird im April - davon gehe ich aus - nicht mehr von dieser Politik der Kooperation die Rede sein, sondern von der aktiven *Counter-Proliferation*, der Benutzung militärischer Mittel zur Bekämpfung der Weiterverbreitung von Massenvernichtungswaffen.

Wir haben es hier mit der Folge eines amerikanischen Strategiewandels zu tun, der sich 1997 ganz offensichtlich in Washington durchgespielt und durchgesetzt hat. Er verläßt sich bei der Durchsetzung der Ziele der westlichen Allianz nicht mehr auf die Kooperation und den Konsens, sondern auf den Einsatz direkter militärischer Gewalt. So sind die Vereinigten Staaten gegenüber dem Irak mit ihrem ersten militärischen Aufmarsch im Februar 1998 verfahren, mit ihrem zweiten im Oktober 1998 und schließlich mit der Aufnahme des Bombardements des Irak im Dezember. Seitdem bombardieren englische und amerikanische Flugzeuge jeden zweiten Tag den Irak mit dem erklärten Ziel, nicht mehr auf die Kooperation von Saddam Hussein zu warten, nicht mehr auf seine Unterwerfung unter die Regulative der Vereinten Nationen, sondern ihm einfach die Möglichkeiten zu nehmen, militärisch gegen den Stachel zu löcken. Wenn seine militärischen Kapazitäten zerstört sind, scheidet er als Unruhestifter aus.

Dieser Strategiewandel setzt sich offenbar auch gegenüber Serbien durch. Es ist nicht mehr damit zu rechnen, daß die Vereinigten Staaten nach dem Abbruch der Konferenz von Rambouillet und der Aufnahme des Bombardements auf irgendeine Verhandlungsbereitschaft Serbiens hoffen. Sie verfolgen in Serbien genau die gleiche Politik wie im Irak: die Zerstörung der militärischen Fähigkeiten Belgrads.

Dabei ist die Konferenz von Rambouillet interessanterweise nicht etwa an der Autonomie-Lösung für das Kosovo gescheitert, sondern an der Forderung der NATO an Serbien, den Einmarsch einer NATO-Truppe ohne UN-Mandat zu akzeptieren. An dieser Forderung, nicht an der politischen der Autonomie, ist die Konferenz gescheitert. Das Bombardement wurde aufgenommen, um Serbien dazu zu zwingen, diesen militärischen Teil der Forderung zu akzeptieren. Ich erkenne darin die Verbindungslinie hin zu jener Counterproliferationspolitik, die sich im Irak schon ganz deutlich durchgespielt hat.

Im Zusammenhang mit diesem Strategiewandel ist eine Distanzierung der Vereinigten Staaten von den Vereinten Nationen zu verzeichnen, ganz offensichtlich mit der Tendenz, die Vereinten Nationen gänzlich als Regulativ aufzugeben und zu verlassen. Die Tendenz war ja schon in der Präsidentschaft Ronald Reagans zu erkennen. Sie war dann aber von Präsident Bush korrigiert und von Präsident Clinton geradezu umgewandelt worden in den ersten beiden Jahren in einen *assertive multilateralism*. Jetzt aber zeigt sich im Zusammenhang mit dem Kosovo ganz explizit,

a) daß die Vereinigten Staaten diejenigen gewesen sind, die dafür gesorgt haben, daß der Sicherheitsrat in Sachen Serbien nicht einmal befragt worden ist, und
b) daß die Vereinigten Staaten im Gegensatz zu ihren europäischen Verbündeten diese Nicht-Berücksichtigung des Sicherheitsrates nicht als eine einmalige Ausnahme ansehen - diktiert und erzwungen durch die humanitäre Katastrophe im Kosovo -, sondern als die neue Regel der Weltpolitik der Vereinigten Staaten und damit eben auch der Weltpolitik der NATO. Sie erlaubt gelegentlich noch als Ausnahme den Rückgriff auf die Vereinten Nationen, setzt als Regel aber die NATO an die Stelle der UN.

Ich füge hinzu, daß diese Tendenz keineswegs ausschließlich in den Vereinigten Staaten erkennbar war, sondern auch in der Bundesrepublik. Im Weißbuch des Verteidigungsministeriums 1994 wurde die NATO mit den Vereinten Nationen gleichgesetzt. In dem schon erwähnten Urteil des Bundesverfassungsgerichtes wurde - aufgrund der eklatanten Unkenntnis der Unterschiede zwischen einer Organisation kollektiver Sicherheit und einer der kollektiven Verteidigung - die Meinung vertreten, die NATO habe die gleichen Rechte wie die Vereinten Nationen.

Hinter dem, was die Militärallianz in Serbien durchzusetzen versucht, muß man die Praktizierung einer neuen Strategie erkennen, die all das, was bisher den Westen ausgemacht und auch die von ihm gestiftete Weltordnung charakterisiert hat, bewußt vernachlässigt: die Rechtsordnung durch das Völkerrecht im Rahmen der Charta der Vereinten Nationen und die Kooperation als wichtigste Strategie zur Herstellung von Konsens und zur Realisierung globaler Ziele.

Daran knüpft sich zuletzt die Frage, ob Deutschland, ob Europa diesen Strategiewandel, der sich abzeichnet, mittragen wird. Ob sich die Europäer noch wiederfinden in ihrem Selbstverständnis als Teil einer Atlantischen Gemeinschaft, die ja schließlich auf der Beachtung des Rechts und der Menschenrechte bestanden hat und ihre Identität in diesem Wertekanon immer gesucht und immer gefunden hat. Wird die Gesellschaft in Deutschland und in Europa, werden diese Gesellschaften diesen Wandel mitmachen?

Das scheint mir die Frage zu sein, die sich uns angesichts der Intervention im Kosovo stellt: Werden die Europäer diesen Bedeutungswandel der Atlantischen Gemeinschaft mitmachen von einer Wertegemeinschaft zu einer Waffenbrüderschaft? Werden sie es hinnehmen, daß die Atlantische Gemeinschaft sich weder an das Völkerrecht, noch an die Menschenrechte, noch an die Charta der Vereinten Nationen hält? Werden sie es hinnehmen, daß die NATO den Gewaltverzicht, der im Artikel 2 Absatz 4 der Charta der Vereinten Nationen enthalten ist, endgültig über den Haufen wirft und damit einen Teil der Weltordnung verabschiedet, der immerhin fünfzig Jahre dazu beigetragen hat, daß die Gewalt eingedämmt worden ist? Werden sie diese Praxis außer Acht lassen und damit die Tür öffnen zu Wiederkehr der Gewalt, des Krieges, weil diese Tür von jedem anderen Staat mit der gleichen Berechtigung - oder Unberechtigung - benutzt werden könnte?

Gründe gibt es bekanntlich immer. Und wenn eine Gruppe für sich reklamiert, nicht nur bestimmte Gründe zu nennen, sondern auch darüber zu befinden, ob diese Gründe valide sind oder nicht, dann sind wir wieder da, wo wir vor 1945 standen. Die außenpolitische Rationalität dieser Epoche hatte schon Kant auf den Begriff gebracht: Handle erst, Rechtfertigungen finden sich immer. Mit dieser Praxis der Staatenwelt hatte jener großartige Fortschritt gebrochen, den wir 1945 unter der Führung von Roosevelt und Churchill mit dem Gewaltverbot der UN-Charta und dem Gewaltmonopol des Sicherheitsrates eingerichtet hatten. Er beruhte auf 200 Jahren Erfahrung und theoretischer Reflektion. Will nun ausgerechnet die NATO, wollen ausgerechnet die Westmächte, die diese Konstruktion erzeugt, hervorgebracht und durchgesetzt haben, diesen Fortschritt wieder zum alten Eisen legen? Wird die westliche Wertegemeinschaft es hinnehmen, daß nicht mehr der Friede als das Hauptziel der Politik der westlichen Gemeinschaft gilt, sondern die Durchsetzung politischer Interessen?

Dieser Wertekanon, das, was ich die Identität und das Selbstverständnis der Atlantischen Gemeinschaft nenne, wird und wurde am 24. März in Frage gestellt. Wird die westliche Welt, die Bundesrepublik, werden die Mitglieder der EU diesen Wandel des Bündnisses mitmachen, weg von der Wertegemeinschaft und hin zu einem Expeditionskorps?

Insofern wundere ich mich etwas über das Schweigen in der Bundesrepublik Deutschland. In Amerika wird, notabene, nicht geschwiegen: im amerikanischen Kongreß hat es sehr ausführliche, sehr intelligente, sehr kritische Diskussionen gegeben über das, was im Kosovo abläuft - in Deutschland wird geschwiegen. Ich rede nicht von unseren Ministern, die natürlich nicht anders können, als den NATO-Konsens ausführen. Ich rede von der politischen Klasse, von der *Intelligentsia*, von den politischen Parteien und ich wundere mich, daß sie diesen Wandel des Selbstverständnisses, der sich in der Vordergründigkeit der Luftangriffe gegen Jugoslawien verbirgt, nicht erkennt. Aber vielleicht braucht die Bundesrepublik, braucht Westeuropa nur etwas Zeit, um sich von dem Doppeltrauma zu erholen, das ihr die Aggression Serbiens im Kosovo und der ihr durch ihre ständigen Ultimaten selbst auferlegte Handlungszwang versetzt hat.

Professor Dr. Ernst-Otto Czempiel, Studium der Neueren Geschichte, Anglistik und Philosophie in Berlin und Mainz, Promotion in Neuerer Geschichte 1956. Habilitation an der TH Darmstadt 1964. Dozent für Politikwissenschaft an der TH Darmstadt und *Visiting Research Fellow* an der Columbia University. Professor für Internationale Politik und Außenpolitik an der Philipps-Universität Marburg (1966 bis 1970) und an der Johann Wolfgang Goethe-Universität Frankfurt (1970 bis 1992). Seit 1970 Forschungsgruppenleiter und Geschäftsführendes Vorstandsmitglied an der Hessischen Stiftung Friedens- und Konfliktforschung

(HSFK) in Frankfurt. Verschiedene Ämter, darunter *Expert Adviser* des *Center on Transnational Corporations* der Vereinten Nationen (1987 bis 1991), Vorsitzender des Kuratoriums der Deutschen Gesellschaft für Friedens- und Konfliktforschung (1974 bis 1976) und Fachgutachter der Deutschen Forschungsgemeinschaft (1972 bis 1980). Zahlreiche Veröffentlichungen, zuletzt *Die Reform der Vereinten Nationen* (1994) und *Weltpolitik im Umbruch — Das internationale System nach dem Ende des Ost-West-Konflikts* (1993).